新时代司法职业教育"双高"建设精品教材

监狱执法文书实训手册

李保清　李晗 ◎ 主编

中国·武汉

内 容 提 要

本书根据监狱执法文书的内容将其分为 11 个单元,共计 40 个任务,每一个任务为一种监狱执法文书。每一个任务的结构基本相同,即介绍该执法文书的制作方法,强调该执法文书制作时的注意事项,提供该执法文书的实训材料及参考答案。本书可以让刑事执行专业群的学生在学习监狱执法文书写作理论的同时,进一步加强该课程的实践锻炼,从而提升学习制作监狱执法文书的能力和水平。

图书在版编目(CIP)数据

监狱执法文书实训手册/李保清,李晗主编.—武汉:华中科技大学出版社,2023.2(2025.2 重印)

ISBN 978-7-5680-9186-2

Ⅰ.① 监… Ⅱ.① 李… ② 李… Ⅲ.① 监狱-法律文书-写作-中国-手册 Ⅳ.① D926.13-62

中国国家版本馆 CIP 数据核字(2023)第 026819 号

监狱执法文书实训手册   李保清   李 晗 主编
Jianyu Zhifa Wenshu Shixun Shouce

策划编辑:张馨芳
责任编辑:唐梦琦
封面设计:孙雅丽
版式设计:赵慧萍
责任校对:张汇娟
责任监印:周治超
出版发行:华中科技大学出版社(中国·武汉)   电话:(027) 81321913
         武汉市东湖新技术开发区华工科技园   邮编:430223
录   排:华中科技大学出版社美编室
印   刷:武汉市洪林印务有限公司
开   本:787mm×1092mm 1/16
印   张:12.25   插页:2
字   数:232 千字
版   次:2025 年 2 月第 1 版第 2 次印刷
定   价:58.00 元

本书若有印装质量问题,请向出版社营销中心调换
全国免费服务热线:400-6679-118   竭诚为您服务
版权所有   侵权必究

编写说明

　　监狱执法文书是一门实践性非常强的课程，然而，随着相关法律、法规的重新修订，原有的实训教材中部分内容已不适用于当代监狱的执法工作。为全面落实党的二十大精神，坚持人民至上，坚持自信自立，坚持守正创新，坚持问题导向，坚持系统观念，坚持胸怀天下，为严格公正司法，加快建设法治社会，特编写《监狱执法文书实训手册》，以引导刑事执行专业群的学生在学习监狱执法文书制作理论的同时，进一步加强该课程的实践训练，从而提升学生制作监狱执法文书的能力和水平，为监狱培养德才兼备的高素质人才。

　　由于监狱使用的执法文书种类繁多，制作的格式和填写的内容也千差万别，为使学习过监狱执法文书写作课程的学生能够适应各个监狱的执法文书制作要求，本手册选取的监狱执法文书主要是 2002 年 7 月司法部监狱管理局重新修订并印发的《监狱执法文书格式（试行）》中规定的文书，以及司法部监狱管理局 2015 年 2 月下发的《关于印发和使用〈暂予监外执行执法文书〉的通知》中所指定的文书。

　　本手册是根据监狱执法文书的内容将其分为 11 个单元，共计 40 个任务，每一个任务为一种监狱执法文书。每一个任务的结构基本相同，即介绍该执法文书的制作方法，强调该执法文书制作时的注意事项，提供该执法文书的实训材料，提供该执法文书的空白表格以供学生自行制作，最后给出该执法文书制作的参考答案。

　　本手册适用于刑事执行专业群学生的学习及监狱系统的新录干警和在职干警的培训。

　　由于水平有限，本手册难免有失误和不妥之处，敬请使用者及同行提出宝贵意见。

目　录

单元一　罪犯收监类执法文书 ··· 1
- 【任务一】　罪犯不予收监通知书　// 2
- 【任务二】　罪犯收监身体检查表　// 6
- 【任务三】　罪犯入监登记表　// 9
- 【任务四】　重要罪犯登记表　// 17
- 【任务五】　外籍犯或港澳台犯登记表　// 20
- 【任务六】　罪犯入监通知书　// 23
- 【任务七】　罪犯物品保管收据　// 27

单元二　罪犯暂予监外执行类执法文书 ································· 31
- 【任务一】　暂予监外执行审批表　// 32
- 【任务二】　暂予监外执行决定书　// 38
- 【任务三】　暂予监外执行收监决定书　// 40
- 【任务四】　暂予监外执行期间不计入执行刑期建议书　// 43

单元三　罪犯刑事奖励类执法文书 ·· 47
- 【任务一】　罪犯减刑（假释）审核表　// 48
- 【任务二】　提请减刑建议书　// 53
- 【任务三】　提请假释建议书　// 60

单元四　罪犯出监类执法文书 ·· 67
- 【任务一】　罪犯出监鉴定表　// 68
- 【任务二】　刑满释放人员通知书　// 74
- 【任务三】　假释证明书　// 78
- 【任务四】　释放证明书　// 82

单元五　罪犯行政奖惩类执法文书　87

【任务一】　罪犯奖励审批表　// 88
【任务二】　罪犯奖励通知书　// 92
【任务三】　罪犯处罚审批表　// 95
【任务四】　罪犯处罚通知书　// 99
【任务五】　罪犯离监探亲审批表　// 101
【任务六】　罪犯离监探亲证明书　// 104
【任务七】　罪犯禁闭审批表　// 107
【任务八】　使用戒具审批表　// 112

单元六　罪犯死亡处理类执法文书　117

【任务一】　罪犯病危通知书　// 118
【任务二】　罪犯死亡通知书　// 120

单元七　监狱安全检查类执法文书　125

【任务一】　消除隐患通知书　// 126
【任务二】　纠正违规通知书　// 130

单元八　狱内耳目使用管理类执法文书　135

【任务一】　建立耳目审批表　// 136
【任务二】　撤销耳目报告表　// 142

单元九　罪犯脱逃类执法文书　145

【任务一】　罪犯脱逃登记表　// 146
【任务二】　在押罪犯脱逃通知书　// 152
【任务三】　脱逃罪犯捕回登记表　// 155

单元十　狱内刑事案件类执法文书　161

【任务一】　狱内案件立案表　// 162
【任务二】　狱内案件结（销）案表　// 166
【任务三】　监狱起诉意见书　// 170

单元十一　罪犯评审类执法文书 ·· 175
　【任务一】　罪犯评审鉴定表　// 176
　【任务二】　罪犯改造积极分子审批表　// 181

参考文献 ·· 187

单元一

罪犯收监类执法文书

【任务一】 罪犯不予收监通知书

一、罪犯不予收监通知书的制作方法

罪犯不予收监通知书是一纸三联填写式监狱执法文书。

（一）第一联

第一联是送达原判人民法院的通知书，除标题外，需要填写的内容可以分为文头、正文和文尾3个部分。

1. 文头

文头由发文字号和通知单位组成。

（1）发文字号：在标题的右下侧，包括年份、机关代字、文书代字和发文序号4项内容。其中，年份是指当年的年度号，应当使用阿拉伯数字填写；机关代字是指制作该执法文书的监狱机关的简称，一般采用"×监"表示；文书代字是指该执法文书的简称，此处一般采用"不收通"表示；发文序号是指该执法文书当年的顺序号，应当使用阿拉伯数字填写。如"（2022）×监不收通字第1号"。

（2）通知单位：顶格填写原判人民法院的名称。

2. 正文

正文由罪犯的基本情况和不予收监的理由组成。

（1）罪犯的基本情况：包括罪犯的姓名、性别、出生日期、罪名、刑期5项内容。填写时可以从送交的人民法院的判决书、执行通知书、结案登记表等法律文件中转抄。

（2）不予收监的理由：填写时应根据《中华人民共和国监狱法》第十六条和《中华人民共和国刑事诉讼法》第二百六十四条的规定写明不予收监的具体理由。如"文件不齐全，缺少××（文件名称）"，或者"××（文件名称）与××（文件名称）上记载的罪犯姓名不符"，或者"文件贴附的照片与罪犯本人不相符"等。

3. 文尾

文尾即在正文的下方写明的该通知书的填发日期并加盖的监狱机关的印章。

（二）第二联

第二联是送达交付执行的公安机关的通知书。填写时，除"通知单位"应顶格写明公安机关的名称外，发文字号、罪犯的基本情况、不予收监的理由及成文日期等内容必须与第一联保持一致。

（三）存根

存根由监狱存档备查，其需要填写的内容包括发文字号、（罪犯）姓名、性别、出生日期、罪名、刑期、原判法院、送押机关、不予收监的理由、填发日期、填发人、送押人及此通知书已送达（的单位）13项内容。其中，发文字号、（罪犯）姓名、性别、出生日期、罪名、刑期及不予收监的理由均可从第一联或者第二联中转抄。

（1）原判法院：填写原判法院的名称。

（2）送押机关：填写送押机关的名称。

（3）填发日期：填写该执法文书的制作日期，在时间上应与第一联和第二联的成文日期保持一致。

（4）填发人：由填发人签字。

（5）送押人：由送押人签字。

（6）此通知书已送达（的单位）：此项内容包括"_____公安机关"和"_____人民法院"两个单位。填写时应分别将这两个单位的名称补充齐全，并与送押机关和原判法院中填写的名称保持一致。

此外，三联的骑缝处（共有两处）的发文字号中的年份和序号都应当使用汉字大写，但在内容上必须与标题下方的发文字号完全相同，同时应加盖监狱机关的印章。

二、制作罪犯不予收监通知书的注意事项

（1）发文字号中的年份不能简写，如"（2022）"不得简写成"（22）"；发文序号不能采用虚位编号，如"第1号"不能写成"第01号"；文书代字不能使用"通"字，因为监狱执法文书中属于通知书一类的执法文书很多，如果都使用

"通"字，那么文书代字就起不到区别于其他执法文书的作用。因此，应当采用"不收通"字。

（2）第一联和第二联中的通知单位与存根中的原判法院、送押机关及此通知已送达（的单位）等填写的名称必须保持一致。

（3）填写姓名时字迹要清楚，不能潦草涂改；不能将名字写得太分散，以免将一个字误认成两个字；不能随意简化姓名；字形相近或者同音字要分清。

（4）罪名应填写为"××罪"，而不应将"罪"字省略，因为省略了"罪"字，前面的词语就变成了动词。动词表示的是一种行为，指的是犯罪性质，不能作为罪名。罪名的填写必须以判决书上认定的罪名为准，有多个罪名的，填写时，其前后顺序不能颠倒。此外，当栏目的空间有限而罪名又太多时，至少应将前面的两个罪名完整地填写在栏目里。

（5）当刑期为有期徒刑时，必须将刑种和刑期都填写在该栏目里，且刑期应当使用阿拉伯数字表示，如"有期徒刑10年"。

三、罪犯不予收监通知书的实训材料

2022年3月5日，××省××监狱分管刑罚执行工作的副监狱长王×刚带领刑罚执行科科长肖×静、副科长柳×洪、干事崔×颖一行来本监狱入监监区，会同入监监区民警方×胜、郭×怀等人共同接收由××省××市公安局××看守所的民警吴×亮、田×鑫送到监狱来的一批新判决的罪犯。在验证法律文书时，监区民警吴×亮发现有一名叫魏×飞的罪犯，其法律文书只有人民法院的判决书、执行通知书和结案登记表。吴×亮从魏×飞的判决书上获悉，该犯名叫魏×飞，男，1999年6月13日出生，犯盗窃罪，被××省××市人民法院判处有期徒刑10年。吴×亮当即将此事向在场的王副监狱长及刑罚执行科的肖科长反应。王副监狱长现场与肖科长、柳副科长、崔×颖进行研讨，并作出对罪犯魏×飞不予收监的决定。随即王副监狱长将此事向监狱长刘×强进行了汇报，得到了刘监狱长的支持。之后，王副监狱长即令刑罚执行科干事崔×颖制作2022年第一份罪犯不予收监通知书。

请你根据以上材料并以刑罚执行科干事崔×颖的名义制作一份罪犯不予收监通知书。

四、罪犯不予收监通知书的实训练习

罪犯不予收监通知书

（　　）　　字第　　号

____人民法院：

  你院判决罪犯_____，性别_____，出生日期____年____月____日，罪名_____，刑期_____。经检查，由于_____，根据《中华人民共和国监狱法》第十六条和《中华人民共和国刑事诉讼法》第二百六十四条规定，决定不予收监。

  特此通知。

（公章）
　年　月　日

罪犯不予收监通知书

（　　）　　字第　　号

____公安局：

  你局判决罪犯_____，性别_____，出生日期____年____月____日，罪名_____，刑期_____。经检查，由于_____，根据《中华人民共和国监狱法》第十六条和《中华人民共和国刑事诉讼法》第二百六十四条规定，决定不予收监。

  特此通知。

（公章）
　年　月　日

罪犯不予收监通知书

(存根)

（　　）字第　　号

姓　　名：_____

性　　别：_____

出生日期：_____年_____月_____日

罪　　名：_____

刑　　期：_____

原判法院：_____

送押机关：_____

不予收监的理由：_____
_____
_____
_____
_____
_____

填发日期：_____

填 发 人：_____

送 押 人：_____

此通知书已送达：

_____公安（分）局

_____人民法院

【任务二】 罪犯收监身体检查表

一、罪犯收监身体检查表的制作方法

罪犯收监身体检查表中除标题外，需要填写的内容可以分为表头和表腹两个部分。

（一）表头

表头包括单位和编号两项内容。

（1）单位：填写收押罪犯的监狱名称，如"××监狱"或"××监狱×监区"。

（2）编号：填写该体检表的序号。可以采用年份加序号的方式，如"2022130"。

（二）表腹

表腹由罪犯的基本情况、体貌特征、既往病史、检查项目和意见组成。

（1）罪犯的基本情况：包括罪犯的姓名、性别、出生日期、民族、婚否、家庭住址、罪名、刑种、刑期、身高、体重、血型12个栏目。其中大部分栏目可以从判决书、执行通知书、结案登记表等法律文书中转抄，制作方法与前面所讲的执法文书栏目的填写方式相同。

① 身高、体重：填写实际测量的身体高度和实际称量的身体重量。

② 血型：填写"A型""B型""AB型"或者"O型"等。

（2）体貌特征：包括罪犯的头部、发须、脸部、四肢及其他5个栏目。填写时，一般采用通俗的语言描述。描述时应准确，切忌夸张和遗漏。

（3）既往病史：包括肝炎、痢疾、伤寒、肺结核、皮肤病、性病、精神病及其他8个栏目。应在详细询问罪犯后如实填写既往病史的名称及患病的时间。

（4）检查项目：包括罪犯的一般状态、血压、内科、外科、五官科、皮肤科、妇科、X线、化验及其他10个栏目。其中"一般状态"指罪犯的精神状态，其余栏目则应根据检查结果来填写。

（5）意见：包括主检医师意见和医院意见。主检医师在综合罪犯的所有检查结果后签署意见，并签注姓名。最后由医院负责人签署意见，注明日期，加盖医院印章。

二、制作罪犯收监身体检查表的注意事项

（1）编号的填写应与"罪犯编号"区分开。

（2）既往病史必须如实填写，罪犯曾经患有的而表中又没有列出的病名及患病时间填写在"其他"这一栏中。

（3）医院意见栏中应在日期上加盖医院的公章。

三、罪犯收监身体检查表的实训材料

2022年4月1日,××省××监狱入监监区新收了一名男性罪犯尹×诚,1996年7月14日生,汉族,因抢劫罪被××省××市人民法院判处有期徒刑12年。其妻张×兰,1997年9月3日生,住××省××市××路××花苑小区5幢1单元1803室。经入监监区民警依法检查,该犯的收押法律文书齐全。监狱按照罪犯收押的规定对其进行收监身体检查。经检查,该犯身体健康,没有任何问题。

请你根据以上材料制作一份完整的罪犯收监身体检查表。

四、罪犯收监身体检查表的实训练习

罪犯收监身体检查表

单位： 编号：

姓名		性别		出生日期	年　月　日	
民族		婚否		家庭住址		
罪名		刑种		刑期		
身高	公分	体重	公斤	血型		
体貌特征	头部					
	发须					
	脸部					
	四肢					
	其他					
既往病史	病名	肝炎	痢疾	伤寒	肺结核	皮肤病	性病	精神病	其他
	患病时间								

续表

检查项目	一般状态		血压	kpa
	内科			
	外科			
	五官科			
	皮肤科			
	妇科			
	X线			
	化验			
	其他			
主检医师意见	签字： 年　月　日		医院意见	（公章） 年　月　日

【任务三】 罪犯入监登记表

一、罪犯入监登记表的制作方法

罪犯入监登记表中除标题外，需要填写的内容可以分为表头和表腹两个部分。

（一）表头

表头包括单位、编号、入监时间3项内容。

（1）单位：填写收押罪犯的监狱名称，如"××监狱"或者"××监狱入监队"。

(2) 编号：这里的编号是指罪犯编号，它是该犯在监狱服刑期间输入微机中的统一编号（即该犯的终身编号）。编号的确定应当按照狱政信息管理系统规定的编号方法确定。罪犯编号采用层次码，由 10 位数的子码组成：前 4 位码为监狱单位的代码，后 6 位码为罪犯的序列码。4 位监狱单位代码中，前两位码为监狱所在的省（自治区、直辖市）的代码，后两位码是监狱单位码。6 位罪犯的序列码的值域为 000001～999999。

(3) 入监日期：填写罪犯入监的具体日期。

（二）表腹

表腹由罪犯的个人情况、家庭成员及主要社会关系、同案犯、一寸免冠照片组成。

(1) 罪犯的个人情况：包括罪犯的姓名、别名、性别、民族、出生日期、文化程度、捕前职业、原政治面貌、特长、身份证号、口音、籍贯（国籍）、原户籍所在地、家庭住址、婚姻状况、拘留日期、逮捕机关、逮捕日期、判决书号、判决机关、判决日期、罪名、刑种、刑期、刑期起止、附加刑、曾受何种惩处、本人简历、主要犯罪事实 29 个栏目。其中大部分栏目可以从送交的法律文书中转抄，在此仅介绍部分栏目的填写方法。

① 别名：别名是指罪犯的常用名、笔名、乳名、代号、绰号等名称。可以按照判决书等法律文书中记载的、与犯罪有关的或是有法律意义的别名来填写。没有别名的可填写"无"字或画斜线。对于外国籍罪犯，如果已有中文名的，可以将其英文名作为其别名填写在本栏目。

② 原政治面貌：填写该犯判决前曾参加的政治组织或者党派。没有参加政治组织或党派的则可根据情况填写"群众"或"学生"。

③ 口音：应填写罪犯本人的习惯口音或者基本口音，同时还应注明该犯会使用的其他口音。

④ 籍贯（国籍）：本栏目是一个选择性栏目。国内罪犯填写籍贯，一般写到地市一级或者县一级；外国籍罪犯填写自己的国籍；港、澳、台犯分别填写"中国香港""中国澳门""中国台湾"。

⑤ 原户籍所在地：填写罪犯捕前户口登记所在地。

⑥ 家庭住址：指罪犯家庭所在地或经常居住地。填写时应准确、详细。家住农村的，要填写到村、组；家住城镇的，要填写到具体的街道、门牌号。

⑦ 婚姻状况：填写"已婚""未婚""离异""丧偶""再婚"等状况中的一种。

⑧ 曾受何种惩处：填写该犯捕前受过行政拘留以上的惩处。没有受过惩处的则填写"无"字或画斜线。

⑨ 本人简历：填写本栏目前必须详细询问清楚，以便准确填写。一般从上小学或者从7岁开始写起，直至该犯被拘留或逮捕为止。要写明该犯的主要经历，同时还应保持时间上的连贯性。

⑩ 主要犯罪事实：根据判决书认定的犯罪事实摘要填写。要求事实清楚，重点突出。如果是数罪并罚，则可以按照时间顺序或者先重罪后轻罪的顺序填写。不论采用何种方式填写，都应当交代清楚该犯犯罪的时间、地点、人物、原因（动机、目的）、情节、手段、后果七个要素（简称"七要素"）。

（2）家庭成员及主要社会关系：包括关系、姓名、出生日期、政治面貌、工作单位和职务（职业）、住址、电话7个栏目。

填写时，首先必须将罪犯的家庭主要成员全部记入；其次是罪犯的主要社会关系，包括直系亲属和交往密切的朋友。如果还剩有空白栏目，则应全部画斜线。

（3）同案犯：包括姓名、性别、出生日期、捕前职业、罪名、刑期、家庭住址7个栏目。应根据判决书上的记载准确地填写同案犯的有关情况。如果没有同案犯，则应将全部栏目都画斜线。

（4）一寸免冠照片：贴附罪犯入监后的免冠照片。

二、制作罪犯入监登记表的注意事项

（1）新收押的罪犯由收押单位予以编号；外省调入的罪犯由接收单位予以编号，其原在外省的编号不再使用；省内调入的罪犯，如果在原单位已有编号的，则必须使用原编号，不能重新编号。罪犯离监后，原编号仍然被占用，不能再次将其予以新收押的罪犯。

（2）入监日期应当使用阿拉伯数字填写，其中年份应书写齐全，不可简略。

（3）民族栏的填写应完整，不能简写，如"汉族"就不能简写为"汉"。

（4）家庭成员及主要社会关系应通过与罪犯的交谈及内查外调等方式，在摸清了情况之后再进行填写。对其中个别栏目一时无法确定的，可暂时不填写，待查清后再填写。这里的"关系"是指罪犯与其亲属两者之间的关系，如"父子""母子""夫妻"等。但有时为了便于区分，也可以采用罪犯的称谓填写，如"父亲""母亲""妻子""儿子"等。电话栏的填写应注意，如果该电话号码不是本监狱所在地区的电话号码，则必须在电话号码前加区号。

（5）本人简历中不应将罪犯曾经受到的行政处罚作为一个时间段来填写，因为这种处罚应当填写在曾受何种惩处栏内，否则将会出现重复情况。

（6）罪犯入监登记表必须由监狱人民警察亲自制作，不允许交给罪犯填写。

三、罪犯入监登记表的实训材料

××省××县人民法院刑事判决书

（2022）×法刑初字第 42 号

公诉机关××省××县人民检察院。

被告人甘×波，男，1996 年 1 月 16 日出生于××县，汉族，身份证号：××01351996011648××，初中文化，农民，住××省××县××乡××村五组。因涉嫌犯诈骗罪于 2021 年 6 月 10 日被××省××县公安局刑事拘留，同年 6 月 23 日被批准逮捕，次日执行，现羁押于××县看守所。

辩护人苏×兵，××律师事务所律师。

××县人民检察院以××检公诉刑诉（2022）50 号起诉书，指控被告人甘×波犯诈骗罪，于 2022 年 2 月 2 日向本院提起公诉。本院受理后，依法组成合议庭，于 2022 年 3 月 11 日、4 月 8 日两次公开开庭进行了审理。2022 年 4 月 22 日，因需要补充侦查，延期审理一个月。××县人民检察院代理检察员张×东出庭支持公诉，被告人甘×波及其辩护人到庭参加了诉讼。经本院审判委员会讨论，现已审理终结。

××县人民检察院指控：

被告人甘×波于 2020 年 8 月 17 日，用自己名下唯一的房产证做抵押，在××市居民孙×华处借款人民币 100000 元，该房产证一直抵押在孙×华处，甘×波后来始终未还款。被告人甘×波于 2020 年 9 月 14 日用已抵押给孙×华的房产证再次抵押，在不知情的被害人关×（男，38 岁）处借款人民币 200000 元（扣除利息实际收到人民币 190000 元），后来甘×波将抵押在关×处的房产证取回。甘×波于 2020 年 12 月 17 日与孙×华签订了委托书及公证书，全权委托孙×华将自己的房产转让他人，收取房款，办理更名过户手续。后该房产被孙×华于 2020 年 12 月 30 日卖给他人。

被告人甘×波于 2020 年 10 月 20 日用伪造的房产证抵押，在被害人姜×（男，30 岁）处先后两次骗取人民币共计 100000 元。

经侦查，被告人甘×波于 2021 年 6 月 9 日在××市××区被公安机关抓获。

公诉机关以书证、证人证言、被害人陈述、被告人供述等证据认为，被告人甘×波以非法占有为目的，以虚构事实隐瞒真相的方法骗取他人钱财数额巨大，其行为触犯了《中华人民共和国刑法》第二百六十六条，应当以诈骗罪追究其刑事责任。并依据《中华人民共和国刑事诉讼法》第一百七十二条的规定，诉请本院依法判处。建议判处被告人甘×波六年以上九年以下有期徒刑，并处罚金。

被告人甘×波辩称，他没有重复抵押房产证向他人借款。他只借了姜×100000元，现在只差15000元没有还。以前欠姜×的钱都已还清。因此，不承认公诉机关指控的犯罪事实。

辩护人辩称，公诉机关指控被告人甘×波向关×借款的数额有错误，且双方约定利息8分明显违法；再者，甘×波并不欠姜×的钱，假房照的事与甘×波无关；《房屋买卖合同》存在瑕疵。被告人甘×波不具备诈骗罪的主客观要件，因此，不构成诈骗罪，应按一般民事案件处理。

经审理查明：被告人甘×波与被害人姜×原系朋友关系。2020年10月，被告人甘×波明知自己的房屋已抵押给他人的情况下，采取重复抵押的方法，先后两次骗取人民币共计100000元。

2021年6月9日，被告人甘×波在××市××区被公安机关抓获。

上述事实，由公诉机关提交，并经庭审质证、认证的下列证据证实。① 书证。户籍证明，证实被告人甘×波系完全刑事责任能力人；到案经过说明，证实被告人甘×波被抓获的经过；房产证复印件一份，证实被告人甘×波使用该证件对被害人姜×实施的诈骗行为；房屋买卖协议书两份，证实甘×波使用同一房产证同一价格重复抵顶关×和姜×的欠款。② 证人的证言。证人关×的证言，证实被告人甘×波将抵押给他的房产证找借口借回去，回来听说又抵押给一个叫姜×的人的事实经过。③ 被害人姜×的陈述，证实被告人甘×波利用已抵押给他人的房产证骗取其钱款的事实经过，称其后来的还款与本案并无关系。④ 被告人甘×波的供述，不承认公诉机关指控的犯罪事实。

被告人甘×波及其辩护人提交的证据。① 2020年12月15日，甘×波收回的借据一张，证实已给姜×还款71600元。② 2021年1月5日，证实姜×收到甘×波还款30000元。

本院认为，被告人甘×波以非法占用为目的，采用隐瞒真相的方法，骗取他人财物数额巨大，其行为已构成诈骗罪。公诉机关指控其事实清楚，证据确实充分，罪名成立。被告人甘×波及其辩护人提出的房产证不是重复抵押并已对被害人姜×的借款还清的辩护理由，因有两份房产买卖协议佐证及欠款借据真实有效并未做任何变更，被害人不予承认，因此，其辩护理由不能成立。公诉机关对被告人甘×波骗取关×人民币200000元的部分，因具体数额不能确定，又无其他证据证实，因此，该指控部分不能采纳。依照《中华人民共和国刑法》第二百六十六条、第六十四条之规定，判决如下：

一、被告人甘×波犯诈骗罪，判处有期徒刑三年零十个月，并处罚金人民币10000元。

（刑期从判决执行之日起计算。判决执行以前先行羁押的，羁押一日，折抵刑期一日。从被抓获之日起计算，即自2021年6月9日起至2025年4月8日止。罚金自本判决生效后十日内缴纳。）

二、追缴被告人甘×波犯罪所得人民币100000元，退赔给被害人姜×。

如不服本判决，可在接到判决书的第二日起十日内，通过本院或者直接向××市中级人民法院提出上诉。书面上诉的，应当提交上诉状正本一份，副本两份。

审判长　邱　×
审判员　王××
代理审判员　刘××
2022年6月4日
书记员　吴××

补充材料：

甘×波于2022年7月2日被送至××省××监狱入监监区，编号为×××××7428。监区民警通过查阅送交的法律文书及个别谈话，掌握了该犯以下的信息。

简历：2002年9月在××县××乡××村小学读书，2008年9月在××县××乡中学读书，2011年7月毕业后在家务农直至被拘留。

家庭成员及主要社会关系：父亲，甘×文，1969年5月7日出生，在家务农；母亲，洪×翠，1970年8月3日出生，在家务农；伯伯，甘×武，1966年3月6日出生，在家务农；舅舅，洪×志，1973年7月4日出生，中共党员，××县地税局干部，家住××县××小区1幢2单元304室；舅妈，郭×芳，1975年2月9日出生，中共党员，××县地税局干部。

请你根据以上材料并以××省××监狱的名义制作一份罪犯入监登记表。

四、罪犯入监登记表的实训练习

罪犯入监登记表

单位：　　　　　　编号：　　　　　　入监日期：　　年　　月　　日

姓名		别名		性别		一寸免冠照片
民族		出生日期		文化程度		
捕前职业		原政治面貌		特长		
身份证号				口音		
籍贯（国籍）				原户籍所在地		
家庭住址				婚姻状况		
拘留日期		逮捕机关		逮捕日期		
判决书号		判决机关		判决日期		
罪名				刑种		
刑期		刑期起止	自　　年　月　日 至　　年　月　日	附加刑		
曾受何种惩处						

续表

	起止	止时	所在单位	职务（职业）
本人简历				

主要犯罪事实	

	关系	姓名	出生日期	政治面貌	工作单位职务（职业）	住址	电话
家庭成员及主要社会关系							

续表

	姓名	性别	出生日期	捕前职业	罪名	刑期	家庭住址
同案犯							

说明：此表一式两份。

【任务四】 重要罪犯登记表

一、重要罪犯登记表的制作方法

重要罪犯登记表中除标题外，需要填写的内容可以分为表头、表腹和表尾3个部分。

（一）表头

表头包括单位和罪犯编号两项内容。

（1）单位：填写关押重要罪犯的监狱名称。填写时，应当注明监狱所在的省（自治区、直辖市），如"××省××监狱"。

（2）罪犯编号：其填写的内容应与罪犯入监登记表中的（罪犯）编号保持一致。

（二）表腹

表腹内容即重要罪犯的基本情况部分，包括重要罪犯的姓名、性别、民族、出生日期、籍贯、住址、原工作单位、职务、罪名、刑期、刑期起止、判决机关、关押单位、收押时间、身体状况、犯罪事实、备注17个栏目。

这一部分的填写内容应与罪犯入监登记表中相应栏目的内容保持一致。其中身体状况栏可以参照罪犯收监身体检查表中的医院意见栏的内容填写，其余栏目都可以从判决书、执行通知书、结案登记表等法律文书中转抄。

（三）表尾

表尾包括填表人、审核人、填表日期3项内容。填写时，要求填表人和审核人分别签名，并写明填表日期。

二、制作重要罪犯登记表的注意事项

(1) 司法部监狱管理局对重要罪犯作出界定，主要包括：原副厅局级（现职）以上的党政领导干部；全国人大原代表、政协委员，省、自治区、直辖市人大代表、政协委员；原省级以上民主党派组织的负责人；省、部级以上党政领导干部的直系亲属；科技、艺术、体育、卫生、宗教界等有重要影响的知名人士；根据领导批示，中央及各省、自治区、直辖市政法部门直接承办案件中的罪犯；鼓吹民族分裂主义、参与骚扰的罪犯，利用宗教犯罪的骨干和头面人物；中央级报刊曾予以报道、在国内外有重大影响的案件中的罪犯等。

(2) 关押单位是指关押罪犯的监狱，如"××监狱""××监狱×监区"或者"××监狱×监区×分监区"。

(3) 收押时间是指罪犯的入监时间。

三、重要罪犯登记表的实训材料

2022年3月5日，××省××监狱分管刑罚执行工作的副监狱长王×刚带领刑罚执行科科长肖×静、副科长柳×洪、干事崔×颖一行来本监狱入监监区，会同入监监区民警方×胜、郭×怀等人共同接收由××省××市公安局××看守所的民警吴×亮、田×鑫送到监狱来的一批新判决的罪犯。其中有一名罪犯马×坚，男，汉族，1965年7月6日出生，××省××县人，家住××市××苑5幢2单元503室，捕前为××省政府××办公室主任（副厅级），省人大代表。因犯受贿罪，2022年1月25日被××市中级人民法院判处无期徒刑。经收监身体检查，马×坚患有高血压，146/95mmHg，其余正常。主要犯罪事实：2016年3月至2018年10月，马×坚在担任××市市长期间，利用手中的权力在城市土地征用、开发审批中，将位于市中心黄金地段的5号地块，低价转让给某房地产开发商张×，马×坚遂指使妻子何×蕊收受张×给予的两套商品房，价值450余万元。其妻何×蕊作为特定关系人，以受贿罪被同案判处有期徒刑5年，在省女子监狱服刑。根据上述情况，监狱确认该名服刑人员符合重要罪犯的特征，于是按照重要罪犯的要求进行收押，其罪犯编号为××××××4219。王副监狱长即令刑罚执行科干事崔×颖制作一份重要罪犯登记表。

请你根据以上材料并以崔×颖的身份制作一份重要罪犯登记表。

四、重要罪犯登记表的实训练习

重要罪犯登记表

单位： 　　　　　　　　　　　　　　　　　　　　　　罪犯编号：

姓名		性别		民族		出生日期	年　月　日
籍贯		住址					
原工作单位						职务	
罪名		刑期				刑期起止	自　年　月　日 至　年　月　日
判决机关		关押单位				收押时间	
身体状况							
犯罪事实							
备注							

填表人：　　　　　　审核人：　　　　　　填表日期：　　年　月　日

【任务五】　外籍犯或港澳台犯登记表

一、外籍犯或港澳台犯登记表的制作方法

外籍犯或港澳台犯登记表中除标题外，需要填写的内容可分为表头、表腹和表尾3个部分。

（一）表头

表头包括填报单位和罪犯编号两项内容。其填写与重要罪犯登记表中相应栏目的填写方法相同。

（1）填报单位：填写收押外籍犯或港澳台犯的监狱名称。填写时，应当注明监狱所在的省（自治区、直辖市），如"××省××监狱"。

（2）罪犯编号：其填写的内容应与罪犯入监登记表中的（罪犯）编号保持一致。

（二）表腹

表腹内容即罪犯的基本情况部分，包括罪犯的姓名（中文）、姓名（原文）、性别、出生日期、文化程度、国籍、捕前住址、身份证号、护照号、护照有效期、原工作单位、职务、审判机关、判决书号、判决时间、罪名、刑种、附加刑、刑期、刑期起止、关押地点、入监日期、家庭主要成员（包括姓名、关系、现住址、电话）、主要犯罪事实、健康状况25个栏目。其中大部分栏目的内容应与罪犯入监登记表中的相应栏目的内容保持一致，并可以从判决书、结案登记表、执行通知书等法律文书和罪犯的身份证、护照等有关证件中转抄。

（三）表尾

表尾包括审核人、填表人和填报日期3项内容。该部分的填写方法应与重要罪犯登记表中相应内容的填写方法相同。

二、制作外籍犯或港澳台犯登记表的注意事项

（1）姓名（中文）：指罪犯的中文音译姓名或是用中文所起的姓名，可以按照判决书中的姓名填写。

（2）姓名（原文）：应与护照中的姓名相同。

（3）捕前住址：如果该犯捕前在中国大陆居住的，则填写其在中国大陆的住址；如果该犯捕前不在中国大陆居住的，则填写其在本国的住址或港澳台地区的住址。

（4）关押地点：是指具体关押罪犯的监狱单位，如"××监狱×监区"或者"××监狱×监区×分监区"。

（5）家庭主要成员：需要通过与罪犯交谈并查实清楚后填写。

（6）健康状况：可以参照罪犯收监身体检查表中的医院意见栏的内容填写。

三、外籍犯或港澳台犯登记表的实训材料

2022年3月5日，××省××监狱分管刑罚执行工作的副监狱长王×刚带领刑罚执行科科长肖×静、副科长柳×洪、干事崔×颖一行来本监狱入监监区，会同入监监区民警方×胜、郭×怀等人共同接收由××省××市公安局××看守所的民警吴×亮、田×鑫送到监狱来的一批新判决的罪犯。其中有一名外籍罪犯布朗，英文名Brown，男，1992年6月15日出生，大学文化，捕前为×国××环球贸易公司职员，住×国××市××大街426号，身份证号为LD35×××，护照号为W0314×××。2021年8月25日入境，签证有效期为3个月，2021年9月3日在××市××饭店进行毒品交易时，被我公安民警当场抓获，收缴海洛因50克。2022年1月10日被××市中级人民法院以（2022）×法刑初字第9号判决书判处有期徒刑15年，附加罚金30000元，刑期自2021年9月3日起至2036年9月2日止。其父Adam，其母Alina，住×国××市××大街426号。该犯的罪犯编号为×××××4182。王副监狱长即令刑罚执行科干事崔×颖制作一份外籍犯或港澳台犯登记表。

请你根据以上材料并以崔×颖的身份制作一份外籍犯或港澳台犯登记表。

四、外籍犯或港澳台犯登记表的实训练习

外籍犯或港澳台犯登记表

填报单位：　　　　　　　　　　　　　　　　　　　　　罪犯编号：

姓名（中文）			姓名（原文）		
性别		出生日期	年　月　日	文化程度	
国籍			捕前住址		
身份证号			护照号		
护照有效期		年　月　日至　年　月　日			
原工作单位			职务		
审判机关			判决书号		
判决时间		年　月　日	罪名		
刑种			附加刑		
刑期		刑期起止	年　月　日至　年　月　日		
关押地点			入监日期		
家庭主要成员	姓名	关系	现住址		电话
主要犯罪事实					

续表

健康状况	

审核人：　　　　填表人：　　　　填报日期：　　年　月　日

注：姓名（原文）应与护照姓名相同。

【任务六】　罪犯入监通知书

一、罪犯入监通知书的制作方法

罪犯入监通知书一纸三联，由正本、回执和存根组成。

（一）正本

正本是寄发给罪犯家属的通知书。除标题外，需要填写的内容可以分为文头、正文和文尾3个部分。

1. 文头

文头包括发文字号和称谓两项内容。
（1）发文字号：由年份、机关代字、文书代字和序号组成。
（2）称谓：顶格填写罪犯家属的姓名。有时可以根据实际情况在姓名之后冠以"同志""先生""女士"等。

2. 正文

正文包括罪犯的姓名、罪名、刑期、入监日期、服刑场所、地址、乘车路线、通信信箱、邮政编码和咨询电话10项内容。其中大部分内容都可以从罪犯入监登记表中转抄。

（1）服刑场所：指监狱的具体名称，如"××监狱"或"××监狱×监区"。

（2）地址：指监狱所在地。填写时应详细到监狱所在地的市、县、乡（镇）。

（3）乘车路线：指罪犯的家属从其居住地如何乘车可以到达监狱所在地。填写时应详细说明乘某路公交车某站到达，或者是乘从某地到某地的客运车某站到达。

（4）通信信箱：指罪犯通信的信箱号。

（5）邮政编码：指监狱所在地区的邮政编码。

（6）咨询电话：指监狱对外公开的电话号码。填写时应当在电话号码前加上本地区的区号。

3. 文尾

文尾注明成文日期并加盖机关印章。

（二）回执

回执由罪犯的家属填写后寄回发函单位。除标题外，需要填写的内容包括罪犯入监通知书的发文字号、家属姓名和收到罪犯入监通知书的日期3项内容。

（三）存根

存根由制作该执法文书的监狱存档备查。除标题外，需要填写的内容包括发文字号、罪犯的姓名、罪名、刑种、刑期、判决机关、入监时间、家属姓名、与罪犯的关系、家属住址、填发人、填发日期12项内容。这些内容都可以从罪犯入监登记表中转抄。填写时应注意与正本的内容保持一致。

此外，三联的骑缝处（共有两处）的发文字号中的年份和序号都应当使用汉字大写，但在内容上必须与标题下方的发文字号完全相同，同时应加盖监狱机关的印章。

二、制作罪犯入监通知书的注意事项

（1）发文字号中的文书代字不能仅用"通"字，而应当采用"入通"字，防止与其他通知书的发文字号相混淆，如"（2022）×监入通字第1号"。

（2）在正本中填写罪犯姓名时，可以在姓名前加上罪犯亲属对其的称谓，如"你的丈夫""你的儿子"等。

（3）存根中，如果刑种栏里填写的是"死刑（缓期二年执行）"，在刑期栏里则只能填写"无"或者画斜线；如果填写的是"无期徒刑"，在刑期栏里则只能填写为"无期"。

（4）与罪犯的关系：在此指家属与罪犯两者之间的关系，而不能再用称谓代替，如"父子""父女""母子""母女""夫妻"等。

三、罪犯入监通知书的实训材料

××省××监狱入监监区最近接收了2022年第19名新入监的罪犯，罪犯入监登记表载明下列情况：罪犯覃×乐，男，犯故意伤害罪，被××省××市××区人民法院判处有期徒刑15年，收押时间2022年3月5日。罪犯覃×乐的家庭成员有：妻子高×芳，35岁；儿子，覃×权，10岁；父亲，覃×衡，65岁；母亲，黄×秀，63岁，均住在××省××县××乡××村八组。监狱的地址：××省××市××区××镇五里路102号，信箱代号为××3，邮政编号为××11××，咨询电话为0×××-8541×××。从××省××县××乡××村八组到该监狱，需先到××市乘火车至××火车站下车，然后乘××路公共汽车至五里路站下车即到。

请你根据以上材料并以××省××监狱刑罚执行科的名义制作一份罪犯入监通知书。

四、罪犯入监通知书的实训练习

罪犯入监通知书

（　　）　字第　　号

_____：

_____因_____罪，经人民法院判处_____，于　　年　　月　　日送_____服刑。

地　　址：_____
乘车路线：_____
通信信箱：_____

邮政编码：_____
咨询电话：_____
特此通知。

（公章）

年　月　日

罪犯入监通知书
（回执）

（　）　字第　号通知书我已收到。

家属_____
（签名或盖章）
年　月　日

注：接到通知书后，请即将此回执寄回发函单位。

罪犯入监通知书
（存根）

（　）　字第　号

罪犯姓名：_____
罪　　名：_____
刑　　种：_____
刑　　期：_____
判决机关：_____
入监时间：_____
家属姓名：_____

与罪犯的关系：_____
家属住址：_____

填 发 人：
填发日期：

【任务七】 罪犯物品保管收据

一、罪犯物品保管收据的制作方法

罪犯物品保管收据是一纸三联表格式执法文书，分为正本、副本和存根。其中，正本交由罪犯本人保存，副本由监区或分监区保存，存根由监狱狱政科保存。三联中除标题外，需要填写的内容可分为表头和表腹两个部分。

（一）表头

表头包括编号和日期两项内容。
（1）编号：其填写的内容应与罪犯入监登记表中的（罪犯）编号保持一致。
（2）日期：指填写此表的日期。

（二）表腹

表腹包括罪犯物品的品名、规格型号、计量单位、数量、新旧程度、保管人签名和罪犯签名7项内容。这些栏目都应当据实填写，并将物品清单与实物核对无误后，由保管人和罪犯分别签注姓名。

此外，三联的骑缝处（共有两处）的发文字号中的年份和序号都应当使用汉字大写，同时应加盖监狱机关的印章。

二、制作罪犯物品保管收据的注意事项

（1）该执法文书的编号指的是罪犯编号，而不是指该罪犯物品保管收据的序号。
（2）日期（即表头中的年月日）是指该执法文书的填写时间。

（3）此表在罪犯入监后进行物品移交时使用，日常用品的管理不填写此表。

（4）2000年8月24日发布的《国家行政机关公文处理办法》第二十五条第七项规定："应当使用国家法定计量单位。"另外，1984年2月27日国务院《关于在我国统一实行法定计量单位的命令》和《中华人民共和国法定计量单位》中都对"计量单位"做了具体的规定。

三、罪犯物品保管收据的实训材料

2022年3月21日，某监狱收押了一名罪犯编号为××××××0934罪犯胡×勇，经收押交接，公安机关移交的非生活必需品有：浪琴手表一块，半新；苹果手机一部，半新；罗蒙西服一套，半新；鹿王牌羊绒衫一件，半新；奥康牌皮鞋一双，半新；古驰牌皮带一根，半新。

胡犯离异多年，家中亦无其他亲人。根据相关法律的规定，胡犯所携带的这些非生活必需品应由监狱代为保管，且是2022年第26位需要代为保管物品的罪犯。

请你根据以上材料并以××省××监狱刑罚执行科的名义制作一份罪犯物品保管收据。

四、罪犯物品保管收据的实训练习

罪犯物品保管收据

编号：　　　　　　　　　　　　　　　　　　　　　　　　年　月　日

品名	规格型号	计量单位	数量	新旧程度
保管人签名		罪犯签名		

说明：此份交罪犯本人保存。

罪犯物品保管收据

编号：　　　　　　　　　　　　　　　　　　　　　年　　月　　日

品名	规格型号	计量单位	数量	新旧程度
保管人签名		罪犯签名		

说明：此份存（分）监区。

罪犯物品保管收据

编号：　　　　　　　　　　　　　　　　　　　　　年　　月　　日

品名	规格型号	计量单位	数量	新旧程度
保管人签名		罪犯签名		

说明：此份存狱政科。

单元一　参考答案

单元二

罪犯暂予监外执行类执法文书

【任务一】 暂予监外执行审批表

一、暂予监外执行审批表的制作方法

暂予监外执行审批表中除标题外，需要填写的内容可以分为罪犯基本情况、病情诊断、保证人情况、意见和抄送5个部分。

（一）罪犯基本情况

罪犯基本情况包括罪犯的姓名、性别、民族、出生年月日、户籍地、捕前居住地、罪名、原判法院、原判刑期、附加刑、刑期变动情况、现刑期起止、出监后居住地、主要犯罪事实和改造表现15项内容。其中，大部分内容可以从罪犯的服刑档案中转抄。

（1）户籍地：填写罪犯原户籍所在地。

（2）现刑期起止：指罪犯经过减刑或加刑后截至目前实际刑期的起止情况。

（3）出监后居住地：指罪犯在暂予监外执行期间的居住地址。

（4）改造表现：概括写明罪犯在服刑期间认罪悔罪、遵守法律法规及监规等情况，阐明该犯适用暂予监外执行，不具有社会危险性。

（二）病情诊断

病情诊断指病情诊断或检查证明文件。检查证明文件是指女犯的妊娠检查或罪犯生活不能自理鉴别书。

由监狱罪犯病残鉴定小组根据省级人民政府指定医院出具的罪犯病情诊断意见或相关检查证明文件及《暂予监外执行规定》进行审查研究后，作出是否符合暂予监外执行规定的结论，并注明病情诊断或检查证明文件的文号。监狱罪犯病残鉴定小组成员应分别签名并注明日期。

（三）保证人情况

保证人情况包括保证人的姓名、居住地、工作单位、与罪犯关系、联系电话5个栏目。填写时，直接从暂予监外执行保证书上转抄即可。

（四）意见

意见包括综合评估意见、监区（直属分监区）意见、监狱刑罚执行科意见、监狱意见、监狱管理局意见、备注6个栏目。

（1）综合评估意见：包括社区矫正评估意见和罪犯再犯罪危险性评估意见两项内容。填写时，从相关法律文书中转抄即可。

（2）各级审批机关的意见：各级审批机关应按要求填写，做到准确、规范，由负责人签名并加盖本单位公章。

（五）抄送

抄送即抄送的人民检察院。

二、制作暂予监外执行审批表的注意事项

（1）病情诊断必须依据省级人民政府指定医院出具的罪犯病情诊断意见或相关检查证明文件并结合《暂予监外执行规定》进行审查研究。对于"有严重疾病需要保外就医"的罪犯，则应结合《保外就医严重疾病范围》进行审查研究。

（2）综合评估意见应根据县级司法行政机关出具的调查评估意见书，结合有关诊断、检查、鉴别材料、担保材料等进行综合评估。

（3）监狱管理局是暂予监外执行的决定机关，如果同意暂予监外执行的，应当在监狱管理局意见中明确暂予监外执行的时间及起止期限；如不同意暂予监外执行的，则应当在监狱管理局意见中写明不同意的理由。

（4）抄送的人民检察院是指驻监狱的检察机构。

（5）此表一式四份，申报单位留存两份，审批机关留存一份，一份移交罪犯时根据需要使用。

三、暂予监外执行审批表的实训材料

罪犯焦×清，男，汉族，1967年8月20日出生，住××省××县××街3幢5单元401室。2015年8月至2016年4月，该犯伙同他人先后窜至××县城内的车站、商场、社区等地，采取撬锁、顺手牵羊等方式盗窃作案十六起，盗得电动车、手机等物品价值43417元。2016年10月24日因盗窃罪被××省××县人民法院以（2016）×法刑初字第133号刑事判决书判处有期徒刑15年，刑期自2016年5月5日起至2031年5月4日止。2017年2月送××省××监狱

服刑，2020年7月因确有悔改和立功表现被减刑1年。之后，该犯继续认真遵守法律法规和监规，接受教育改造；积极参加思想、文化、职业技术教育；积极参加劳动，努力完成劳动任务。2021年2月16日因急性主动脉夹层A型于××医院手术，2022年2月术后复查主动脉CTA提示主动脉弓部扩张，直径5厘米，无名动脉起始部扩张，主动脉根部瘤样扩张。经监狱罪犯病残鉴定小组人员方×宇、吴×江、卢×华于2022年3月18日确认被鉴定人焦×清所患病情符合《暂予监外执行规定》第五条第一款及《保外就医严重疾病范围》第三条的规定。焦×清的妻子骆×翠，1969年10月19日出生，身份证号：××××0419691019××××，在××县××街道办工作，电话13×××××707。当她得知此事后，即前往监狱请求为其丈夫办理暂予监外执行事宜。现监狱决定依据法定程序对焦×清呈报暂予监外执行。经监狱评估小组评估后确认该犯暂无社会危险性；××省××县司法局亦同意将该犯纳入社区矫正。该犯所在监区监区长王×志、监狱刑罚执行科科长张×贵、监狱长邹×宪分别于2022年4月21日、2022年4月29日、2022年5月10日提出暂予监外执行建议，监狱管理局局长刘×国于2022年5月15日批准该犯暂予监外执行。

请根据以上材料制作一份完整的罪犯暂予监外执行审批表，并抄送××省××市××区人民检察院。

四、暂予监外执行审批表的实训练习

罪犯暂予监外执行审批表

姓名		性别		民族	
出生年月日		户籍地			
捕前居住地					
罪名		原判法院			
原判刑期		附加刑			
刑期变动情况					

续表

现刑期起止	
出监后居住地	
主要犯罪事实	
改造表现	

单元二 罪犯暂予监外执行类执法文书

续表

病情诊断	
	病情诊断或检查证明文件（妊娠检查/生活不能自理鉴别书）

保证人情况	姓名		居住地			
	工作单位		与罪犯关系		联系电话	

综合评估意见	

监区（直属分监区）意见	
	签名： 　　　　　　　　　　　　　　　年　月　日

续表

监狱刑罚 执行科 意见	签名：　　　　　　　　　　　　　　　　　年　月　日
监狱 意见	签名：　　　　（公章）　　　　　　　　　　年　月　日
监狱管理局 意见	签名：　　　　（公章）　　　　　　　　　　年　月　日
备注	

抄送：＿＿＿＿＿＿＿＿＿＿人民检察院

【任务二】 暂予监外执行决定书

一、暂予监外执行决定书的制作方法

暂予监外执行决定书中除标题外,需要填写的内容可以分为发文字号、主体和尾部 3 个部分。

(一)发文字号

发文字号由年份、机关代字、文书代字和发文序号组成,如"(2022)××监暂执决字第 1 号"。

(二)主体

主体包括(罪犯)姓名、性别、出生日期、民族、居住地、罪名、判决法院、判决日期、判处的刑罚、附加刑、(减刑后)刑期起止、服刑监狱、暂予监外执行的原因、暂予监外执行的起始时间及成文日期。其中大部分内容都可以从呈报的暂予监外执行审批表中转抄。

(1)居住地:指该犯出监后的居住地,即罪犯在暂予监外执行期间的居住地址。

(2)暂予监外执行的原因:写明省级人民政府指定医院出具的罪犯病情诊断情况或相关检查证明文件结论。

(三)尾部

尾部包括发和抄送两项内容。
(1)发:填写提请对罪犯暂予监外执行的监狱名称。
(2)抄送:填写同级人民检察院、原判人民法院、罪犯居住地社区矫正机构的名称。

二、制作暂予监外执行决定书的注意事项

(1)(减刑后)刑期起止的填写分两种情况:一是该犯在服刑期间曾被减刑

的，则应保留"减刑后"三个字，并在其后填写该犯获得减刑后的刑期起止；二是该犯在服刑期间没有被减刑的，则应删掉"减刑后"三个字，直接填写该犯的刑期起止。

（2）暂予监外执行的原因只需写明省级人民政府指定医院出具的罪犯病情诊断情况或相关检查证明文件中的结论即可。

（3）抄送的同级人民检察院、原判人民法院、罪犯居住地社区矫正机构必须是对应的具体名称，其中人民检察院是指派驻监狱的检察机构。

（4）此决定书一式六份，申报单位留存两份，同级人民检察院、原判人民法院、罪犯居住地县级司法行政机关、罪犯本人各留存一份。

三、暂予监外执行决定书的实训材料

罪犯焦×清，男，汉族，1967年8月20日出生，住××省××县××街3幢5单元401室。2016年10月24日因盗窃罪被××省××县人民法院以（2016）×法刑初字第133号刑事判决书判处有期徒刑15年，刑期自2016年5月5日起至2031年5月4日止。2017年2月送××省××监狱服刑，2020年7月因确有悔改和立功表现被减刑1年。2021年2月16日因急性主动脉夹层A型于××医院手术，2022年2月术后复查主动脉CTA提示主动脉弓部扩张，直径5厘米，无名动脉起始部扩张，主动脉根部瘤样扩张。监狱按照《暂予监外执行规定》，监狱管理局局长刘×国于2022年5月15日批准该犯于2022年5月30起暂予监外执行。

请你根据以上材料制作一份完整的暂予监外执行决定书。

四、暂予监外执行决定书的实训练习

暂予监外执行决定书

（　　）　　字第　　号

罪犯_____，性别____，____年____月____日出生，____族，居住地_____，

因_____罪经_____

人民法院于____年____月____日判处_____，

附加_____，减刑后，刑期自_____年_____月_____日起至_____年_____月_____日止，现在_____监狱服刑，因_____，_____监狱提请对其暂予监外执行。经审核，根据《中华人民共和国刑事诉讼法》第二百五十四条、《中华人民共和国监狱法》第二十五条和《暂予监外执行规定》第五条之规定，本局认为罪犯_____符合暂予监外执行条件，批准其于_____年_____月_____日起暂予监外执行。

（公章）

年　　月　　日

发：_____监狱

抄送：同级人民检察院、原判人民法院、罪犯居住地社区矫正机构

【任务三】 暂予监外执行收监决定书

一、暂予监外执行收监决定书的制作方法

暂予监外执行收监决定书中除标题外，需要填写的内容可以分为发文字号、主体和尾部 3 个部分。

（一）发文字号

发文字号由年份、机关代字、文书代字和发文序号组成，如"（2022）××监暂收决字第 1 号"。

（二）主体

主体包括告知监狱的名称、（罪犯）姓名、性别、出生日期、民族、居住地、罪名、判处的刑罚、附加刑、（减刑后）刑期起止、批准暂予监外执行的监狱管理局名称、暂予监外执行的起始时间、收监原因、收监的对象及成文日期。其中大部分内容都可以从呈报的暂予监外执行决定书中转抄。

（1）刑期起止：指该犯在暂予监外执行前实际具有的刑期，包括被减刑或加刑的刑期在内。

（2）收监原因：根据《社区矫正实施办法》第二十六条的规定，写明暂予监外执行罪犯被收监的具体原因。

（三）尾部

尾部包括发和抄送两项内容。

（1）发：填写罪犯居住地县级司法行政机关的名称。

（2）抄送：填写同级人民检察院、公安机关、原判人民法院的名称。

二、制作暂予监外执行收监决定书的注意事项

（1）《社区矫正实施办法》第二十六条规定的暂予监外执行的社区矫正人员可以收监的情形如下。

① 发现不符合暂予监外执行条件的。

② 未经司法行政机关批准擅自离开居住的市、县（旗），经警告拒不改正，或者拒不报告行踪，脱离监管的。

③ 因违反监督管理规定受到治安管理处罚，仍不改正的。

④ 受到司法行政机关两次警告，仍不改正的。

⑤ 保外就医期间不按规定提交病情复查情况，经警告拒不改正的。

⑥ 暂予监外执行的情形消失后，刑期未满的。

⑦ 保证人丧失保证条件或者因不履行义务被取消保证人资格，又不能在规定期限内提出新的保证人的。

⑧ 其他违反有关法律、行政法规和监督管理规定，情节严重的。

司法行政机关的收监执行建议书和决定机关的决定书，应当同时抄送社区矫正人员居住地同级人民检察院和公安机关。

（2）抄送应写明暂予监外执行罪犯居住地的同级人民检察院、公安机关和原判人民法院。

（3）此决定书一式七份，罪犯原监管单位留存两份，罪犯居住地县级司法行政机关、同级人民检察院、公安机关、原判人民法院、罪犯本人各留存一份。

三、暂予监外执行收监决定书的实训材料

罪犯潘×祥，男，1961年12月1日出生，汉族，居住地××省××市××区××小区6幢1单元1302室。因受贿罪经××省××市××区人民法院于2016年11月20日以（2016）××刑初字第796号刑事判决书判处有期徒刑11年，剥夺政治权利1年，并处没收财产计人民币12万元。该犯不服，提出上诉。2017年1月14日经××省××市中级人民法院以（2017）××刑二终字第491号刑事裁定书，驳回上诉，维持原判。刑期自2016年5月15日起至2027年5月14日止，于2017年2月15日送××省××监狱服刑。由××省监狱管理局批准自2021年2月6日起暂予监外执行。

该犯在暂予监外执行期间，因目前病情不符合短期内有生命危险的情形，暂予监外执行情形消失，刑期未满，应当收监执行。××省监狱管理局于2022年5月19日通知罪犯潘×祥原服刑监狱对该犯执行收监。

请根据以上材料，制作一份完整的暂予监外执行收监决定书。

四、暂予监外执行收监决定书的实训练习

暂予监外执行收监决定书

（　　）　　字第　　号

_____监狱：

罪犯_____，性别____，____年____月____日出生，____族，居住地_____，因_____罪被人民法院判处_____，附加_____，刑期自____年____月____日起至____年____月____日止，由_____监狱管理局批准自____年____月____日起暂予监外执行。该犯在暂予监外执行期间，因_____，应当收监执行。根据《中华人民共和国刑事诉讼法》第

二百五十七条,《中华人民共和国监狱法》第二十八条,《暂予监外执行规定》第二十三条、第二十四条规定,决定由你监狱将罪犯_____予以收监执行。

此致

（公章）

年　月　日

发：罪犯居住地县级司法行政机关

抄送：同级人民检察院、公安机关、原判人民法院

【任务四】 暂予监外执行期间不计入执行刑期建议书

一、暂予监外执行期间不计入执行刑期建议书的制作方法

暂予监外执行期间不计入执行刑期建议书中除标题外，需要填写的内容可以分为发文字号和主体两个部分。

（一）发文字号

发文字号由年份、机关代字、文书代字和发文序号组成，如"（2022）××监暂不计建字第1号"。

（二）主体

主体由裁定法院的名称、罪犯暂予监外执行的基本情况、不计入执行刑期的相关情况及成文日期组成。

（1）裁定法院的名称：填写裁定法院的具体名称。

（2）罪犯暂予监外执行的基本情况：包括（罪犯）姓名、性别、出生日期、民族、居住地、罪名、判处的刑罚、附加刑、刑期起止、批准暂予监外执行的

监狱管理局名称、暂予监外执行的起始时间、暂予监外前服刑的监狱12项内容。这些内容都可以从暂予监外执行收监决定书中转抄。

（3）不计入执行刑期的相关情况：包括（罪犯）姓名、不计入执行刑期的具体情形、监狱建议及不计入刑期的期限4项内容。

①（罪犯）姓名：填写被收监执行的罪犯姓名。

②不计入执行刑期的具体情形：填写被收监执行的罪犯有法律规定的不计入执行刑期的具体情形。

③监狱建议：填写监狱建议不计入刑期的起止日期。

④不计入刑期的期限：填写不计入刑期的具体期限。

（4）成文日期：注明日期，加盖监狱机关的公章。

二、制作暂予监外执行期间不计入执行刑期建议书的注意事项

（1）不计入执行刑期的具体情形必须是《社区矫正实施办法》第二十六条规定的情形。填写时可以从暂予监外执行罪犯居住地县级司法行政机关提出的收监执行建议书及相关证明材料中转抄。

（2）监狱建议的起止日期应据实填写。

（3）不计入刑期的期限应计算准确，避免出现不必要的错误。

三、暂予监外执行期间不计入执行刑期建议书的实训材料

罪犯张×谦，男，1963年4月16日出生，汉族，住××省××县××里5幢2单元1002室。因盗窃罪经××省××县人民法院于2014年12月3日以（2014）××刑初字第514号刑事判决书判处有期徒刑10年6个月，并处罚金人民币30000元，剥夺政治权利1年。减刑后，现刑期自2014年6月9日起至2024年2月8日止。由××省监狱管理局批准自2021年3月27日起暂予监外执行。2022年1月22日至3月26日未经司法行政机关批准擅自离开居住的县，前往外地为其表弟开设的酒吧"照场子"，拒不报告行踪，脱离监管。2022年4月25日被××省××监狱收监执行。2022年5月15日××省××监狱向××省××市中级人民法院提请对该犯在暂予监外执行期间脱离监管的时间不计入其刑期的建议。

请根据以上材料并以××省××监狱的名义制作一份暂予监外执行期间不计入执行刑期建议书。

四、暂予监外执行期间不计入执行刑期建议书的实训练习

暂予监外执行期间不计入执行刑期建议书

（　　）　　字第　　号

_____中级人民法院：

罪犯_____，性别____，____年____月____日出生，_____族，居住地_____，因_____罪被人民法院判处_____，附加_____，刑期自____年____月____日起至____年____月____日止，由_____监狱管理局批准自____年____月____日起暂予监外执行。该犯暂予监外执行前在_____监狱服刑。

罪犯_____在暂予监外执行期间_____（表述被收监执行的罪犯有法律规定的不计入执行刑期具体情形）。根据《中华人民共和国刑事诉讼法》第二百五十七条、《暂予监外执行规定》第二十六条的规定，建议罪犯_____自____年____月____日至____年____月____日不计入刑期，共____年____月____日。

请重新计算刑期起止日期，并作出裁定。

（监狱公章）

年　月　日

单元二　参考答案

单元三

罪犯刑事奖励类执法文书

【任务一】 罪犯减刑（假释）审核表

一、罪犯减刑（假释）审核表的制作方法

罪犯减刑（假释）审核表中需要填写的内容可以分成表头、罪犯的基本情况和意见3个部分。

（一）表头

表头包括标题、单位和罪犯编号3项内容。

（1）标题：是一个选择性标题。填写时应将非选择性内容划掉。

（2）单位：对于有期徒刑罪犯（包括原判为死刑缓期二年执行或者无期徒刑后减为有期徒刑）的减刑（假释），只需填写罪犯所在的监区或直属分监区的名称；对于死刑缓期二年执行罪犯的减刑或者无期徒刑罪犯的减刑（假释），则需填写罪犯所在监狱的名称。

（3）罪犯编号：其填写的内容应与罪犯入监登记表中的（罪犯）编号保持一致。

（二）罪犯的基本情况

罪犯的基本情况包括罪犯的姓名、别名、性别、文化程度、籍贯、民族、出生日期、家庭住址、罪名、刑种、原判刑期、刑期起止、附加刑、刑期变动、犯罪事实、改造表现16个栏目。其中大部分栏目都可以从罪犯的服刑档案中查找。

（1）刑期变动：包括改判、加刑和减刑3种情况。如果是改判的，则应在此对改判情况予以说明；如果是加刑的，则应在此写明判决日期、原因、罪名、决定执行的刑罚或加刑期限；如果是减刑的，则应在此写明裁定日期、原因和期限。此外，如果该犯的服刑场所发生了变化，在此也应予以交代。如果刑种和刑期都没有变动，则应在此填写"无"字或画斜线。

（2）犯罪事实：可参照罪犯入监登记表中主要犯罪事实栏目进行填写。如果罪犯在服刑期间被改判，则应按改判后的情况进行填写；如果罪犯在服刑期间被加刑，则应将被加刑的犯罪事实也填写进去。

（3）改造表现：填写时应从确有悔改表现的四个方面进行叙述。如果有立功表现或者重大立功表现，则应将立功表现或者重大立功表现融合在确有悔改表现中进行叙述。

另外，对于没有内容可填的栏目，则填写"无"字或者画斜线。

（三）意见

意见包括分监区意见、监区意见、科室意见、监狱意见和监狱局意见及备注。

（1）分监区意见：概括地写明该犯符合减刑（假释）的法定条件并提出具体建议。

（2）监区意见：概括写明审核情况并提出具体建议。

（3）科室意见：概括写明审查情况并提出具体建议。

（4）监狱意见：对于有期徒刑罪犯的减刑（假释）应给予明确的决定；对于被判处死刑缓期二年执行罪犯的减刑或者无期徒刑罪犯的减刑（假释），则应提出建议，报请监狱管理局审核。

（5）监狱局意见：应给予明确的批示。

二、制作罪犯减刑（假释）审核表的注意事项

（1）文化程度如果有变化的，可以采用（"原""现"）的形式填写。

（2）罪名、刑种、刑期起止、附加刑应当填写原判决的罪名、原判决的刑种、原判决的刑期起止和原判决的附加刑。

（3）由于改造表现栏目有限，因此所填写的内容应尽量概括、简洁，有些要素甚至可以省略。

（4）分监区意见应当由分监区召开全体警察会议，根据法律规定的条件，结合罪犯服刑表现，集体评议，提出建议。

（5）监区意见必须经监区长办公会审核同意后填写。

（6）监狱意见必须经监狱提请减刑假释评审委员会评审、监狱长办公会决定后填写。

（7）对于有期徒刑罪犯的减刑（假释），由监狱作出决定，因此监狱局意见栏应画斜线；对于被判处死刑缓期二年执行罪犯的减刑或者无期徒刑罪犯的减刑（假释）由监狱管理局作出决定，因此监狱意见只能是提出建议。

（8）备注中如果没有内容可写，则填写"无"或者画斜线。

三、罪犯减刑（假释）审核表的实训材料

罪犯曹×旺，男，大专学历，××省××县人，汉族，1985年4月4日出生，家住××省××县××小区4幢1单元402室。2008年6月14日中午1时许，曹×旺前往被害人孟×良家索要欠款，孟×良不但不还欠款，还独自到房间去睡午觉。曹×旺恼羞成怒，操起孟×良家茶几上的水果刀便向孟×良捅去，孟×良欲爬起来搏斗，被曹×旺按在床上。曹×旺持刀往孟×良的头、胸、腹等部位连捅数刀，致孟×良当场死亡。后曹×旺前往公安机关投案自首。2008年11月16日，曹×旺因故意杀人罪经××省××市中级人民法院以（2008）×法刑初字第156号刑事判决书判处死刑缓期二年执行，附加剥夺政治权利终身。宣判后，罪犯曹×旺不服，提出上诉。××省高级人民法院于2009年3月21日以（2009）×刑三终字第171号刑事裁定，驳回上诉，维持原判。2009年4月11日，该犯被送到××省××监狱入监监区进行入监教育，之后被分配在四监区一分监区服刑，其罪犯编号为×××××4370。2010年11月15日死刑缓期二年执行减为无期徒刑，附加剥夺政治权利终身；2014年3月12日由无期徒刑减为有期徒刑22年，剥夺政治权利期限改为10年；2017年11月21日因确有悔改表现被裁定减刑9个月。此后，该犯一直能做到认罪悔罪，服从管理教育；严格遵守法律法规及监规，自觉接受教育改造；积极参加"三课"学习，平均成绩85分；积极参加劳动，每月超额完成生产任务。该犯在考核期内获得监狱单项表扬2次；2019年度、2020年度两次被评为监狱级改造积极分子；考核累积分360分，其中考核分290分，月均12.08分，奖励分70分。分监区长戈×星、指导员汪×培依照程序对曹×旺提起减刑建议，经2022年1月18日分监区民警会议集体评议，认为曹×旺确有悔改表现，建议提请减刑1年。后逐级上报。监区长涂×刚、教导员黄×欣、刑罚执行科科长段×勇、狱政科科长毛×利、监狱长赵×发、分管改造工作的副监狱长肖×瑞。

请根据以上材料制作一份罪犯减刑（假释）审核表。

四、罪犯减刑（假释）审核表的实训练习

罪犯减刑（假释）审核表

单位： 　　　　　　　　　　　　　　　　　　　　　　　　　　罪犯编号：

姓名		别名		性别		文化程度	
籍贯		民族		出生日期			
家庭住址							
罪名		刑种				原判刑期	
刑期起止	自　年　月　日 至　年　月　日			附加刑			
刑期变动							
犯罪事实							

续表

改造表现	
分监区意见	（签字） 　年　月　日
监区意见	（签字） 　年　月　日
科室意见	（签字） 　年　月　日

续表

监狱意见	（签字） 　年　月　日
监狱局意见	（签字） 　年　月　日
备注	

【任务二】　提请减刑建议书

一、提请减刑建议书的制作方法

提请减刑建议书中除标题外，需要填写的内容可以分为首部、正文和尾部3个部分。

（一）首部

首部由发文字号和罪犯的基本情况组成。

1. 发文字号

发文字号包括年份、机关代字、文书代字和发文序号 4 项内容。

2. 罪犯的基本情况

罪犯的基本情况包括罪犯的姓名、性别、出生日期、民族、原户籍所在地、罪名、判决机关、判决日期、判决书号、刑种刑期、附加刑、刑期起止日期、收监日期、服刑期间执行刑期变动情况 14 项内容。这些内容都可以从罪犯的服刑档案中查找。

（1）罪名：填写原判决的罪名。

（2）原户籍所在地：填写罪犯捕前户口登记所在地。

（3）刑种刑期：填写原判刑种和刑期。

（4）附加刑：填写原判刑期的附加刑。

（5）刑期起止日期：填写原判刑期的起止日期。

（6）服刑期间执行刑期变动情况：包括改判、加刑和减刑 3 种情况。如果是改判的，则应在此对改判情况予以说明；如果是加刑的，则应在此写明判决日期、原因、罪名、决定执行的刑罚或加刑期限；如果是减刑的，则应在此写明裁定日期、原因和期限。如果刑种和刑期都没有变动，则应在此填写"无"字或画斜线。

（二）正文

正文由案由、事实和理由组成。

1. 案由

案由即提请减刑的原因。应在"该犯在近期确有_____表现"这一句中的横线上填写"悔改""立功""重大立功""悔改和立功"或者"悔改和重大立功"。

2. 事实

事实即悔改表现、立功表现和重大立功表现的具体事实。悔改表现必须从《最高人民法院关于办理减刑、假释案件具体应用法律的规定》第三条"确有悔改表现"的四个方面进行叙述。立功表现和重大立功表现可以单独构成减刑的条件，因此也可以单独进行叙述。"立功表现"是指《最高人民法院关于办理减刑、假释案件具体应用法律的规定》第四条规定的"立功表现"中的任何一种情形。"重大立功表现"是指《中华人民共和国刑法》第七十八条所规定的六种情形及《最高人民法院关于办理减刑、假释案件具体应用法律的规定》第五条所规定的七种情形中任何一种情形。在叙述立功表现和重大立功表现时，应将时间、地点、人物、事件、原因、结果等要素交代清楚。在过程完整的基础上要特别注意突出重点情节、细节和结果。

3. 理由

理由包括提请裁定的理由、法律依据和监狱机关的建议3项内容。

（1）提请裁定的理由：在叙述完具体事实之后，另起一段以"综上所述"开头，然后从悔改表现的四个方面以及立功表现或者重大立功表现方面对事实进行概括，并在概括事实的基础上得出符合法定的减刑条件的结论。

（2）法律依据：被判处有期徒刑或者无期徒刑的罪犯，其减刑的法律依据分别是《中华人民共和国监狱法》第三十条、《中华人民共和国刑法》第七十八条第一款、《中华人民共和国刑事诉讼法》第二百七十三条第二款；被判处死刑缓期二年执行的罪犯，其减刑的法律依据分别是《中华人民共和国监狱法》第三十一条、《中华人民共和国刑法》第五十条、《中华人民共和国刑事诉讼法》第二百六十一条第二款。因为相关的法律名称已在执法文书中印制好，所以只需在横线上填写与之相应的法律条款即可。

（3）监狱机关的建议：这一项内容也已印制好，只需在横线上填写罪犯的姓名及建议减刑的期限。

（三）尾部

尾部包括致送机关、成文日期和附项3项内容。

1. 致送机关

首先应另起一行空两格写"此致"，再另起一行顶格写明所要送达的人民法院的名称。

2. 成文日期

在该执法文书右下方注明成文日期，同时加盖监狱机关的印章。

3. 附项

在该执法文书的末尾"附"中填写罪犯的姓名及随文附送的罪犯服刑档案的卷数、册数、页数。附送的罪犯服刑档案应包括：减刑建议书；终审法院的裁判文书、执行通知书、历次减刑裁定书的复制件；证明罪犯确有悔改、立功或者重大立功表现具体事实的书面材料；罪犯评审鉴定表、奖惩审批表等；根据案件情况需要移送的其他材料。

二、制作提请减刑建议书的注意事项

（1）发文字号中的文书代字不能仅用"减"字，而应当使用"减建"字，如"（2022）×监减建字第1号"。

（2）如果没有附加刑，则应在"附加"后面填写"无"字或画斜线。

（3）如果原判为死刑缓期二年执行，则在填写刑期起止时应当在起始日期和终止日期的年月日前面分别画斜线；如果原判为无期徒刑，则在填写刑期起止时只需填写起始日期，但在截止日期的年月日前面应画斜线。

（4）对于首次提请减刑的，不填写服刑期间执行刑期变动情况。

（5）在填写完服刑期间执行刑期变动情况之后，应当注明刑期的截止日期。对于死刑缓期二年执行减为无期徒刑的不填写刑期的截止日期。

（6）如果罪犯既具有悔改表现，又具有立功表现或者重大立功表现，在叙述事实的时候，可以先叙述悔改表现，再叙述立功表现或者重大立功表现；也可以将立功表现或者重大立功表现融合在悔改表现中进行叙述。如果只有一件典型的立功事实，则可以按照时间顺序进行叙述；如果有几件立功事实，则应当灵活处理。

（7）在援引相关的法律条文时，条、款都应用汉字填写，不得使用阿拉伯数字。

（8）对于死刑缓期二年执行或者无期徒刑罪犯提请减刑时，还应附送经省（自治区、直辖市）监狱管理局签署意见的罪犯减刑（假释）审核表。

三、提请减刑建议书的实训材料

罪犯曹×旺，男，大专学历，××省××县人，汉族，1985年4月4日出生，家住××省××县××小区4幢1单元402室。2008年6月14日中午1时许，曹×旺前往被害人孟×良家索要欠款，孟×良不但不还欠款，还独自到房间去睡午觉。曹×旺恼羞成怒，操起孟×良家茶几上的水果刀便向孟×良捅去，孟×良欲爬起来搏斗，被曹×旺按在床上。曹×旺持刀往孟×良的头、胸、腹等部位连捅数刀，致孟×良当场死亡。后曹×旺前往公安机关投案自首。2008年11月16日，曹×旺因故意杀人罪经××省××市中级人民法院以（2008）×法刑初字第156号刑事判决书判处死刑缓期二年执行，附加剥夺政治权利终身。宣判后，罪犯曹×旺不服，提出上诉。××省高级人民法院于2009年3月21日以（2009）×刑三终字第171号刑事裁定，驳回上诉，维持原判。2009年4月11日，该犯被送到××省××监狱入监监区进行入监教育，之后被分配在四监区一分监区服刑，其罪犯编号为×××××4370。2010年11月15日死刑缓期二年执行减为无期徒刑，附加剥夺政治权利终身；2014年3月12日由无期徒刑减为有期徒刑22年，剥夺政治权利期限改为10年；2017年11月21日因确有悔改表现被裁定减刑9个月。

该犯在2020年的一份思想汇报中写道："我的犯罪给受害人造成了经济损失，扰乱了他们正常的生活。犯罪的根源是不劳而获、贪图享受的思想作祟。我一定要痛改前非，通过改造学会怎样做人、学会劳动生存的本领，将来回归社会后能自食其力，做个合法公民。"

该犯在日常改造中能严格遵守《监狱服刑人员行为规范》、监狱和分监区的各项制度和纪律，考核期内无故意违规扣分。

该犯注重增产节能，修旧利废，累计节约原辅材料价值500余元。

该犯在2021年的一份思想汇报写道："法院对我的判决是罪有应得，我没有什么可申辩的。犯罪铸成事实已不可逆转，现在我要面对现实，真心接受法律的惩罚和改造，转变不劳而获的犯罪思想，争取早日新生，为社会做一点有益的事。"

该犯能遵守课堂纪律，积极发言，按时完成作业，到课率100%，"三课"平均成绩85分。2019年2月监狱初二年级数学竞赛获得一等奖。兼任分监区罪犯扫盲班文化教师，能积极辅导其他罪犯学习文化课，认真负责地完成教学任务，分监区罪犯扫盲班的文化成绩明显提高。

该犯有一段时间箱包生产开片工序疵品率较高，该犯认真分析原因，查阅有关资料，在工人师傅的指导下找到造成废品的原因是靠模不合理，于是，他自己画图改进靠模。新靠模使用后效果较为明显，废品率下降了5个百分点，为此受到监狱的单项表扬奖励。

该犯出工后常常是第一个动手劳动，直到收工铃响后才歇手，做足劳动时间。考核期内每月超定额工时30%以上，累计超产工时1300小时，劳动工时在分监区罪犯中位列第二名。

该犯为纪律组成员。一次，一名罪犯见警官外出办事，意欲溜出监舍到其他分监区串队，他立刻予以制止，并向这名罪犯指出串队是违纪行为及其可能导致的不利后果，帮助这名罪犯打消了擅离监舍的念头。该犯在对顽危犯郑某的包夹中，做到认真负责，大胆监督，方式灵活，得到了专管民警的肯定，较好地完成了分监区交给他的监督帮教任务，为分监区有效管控顽危犯作出了努力。

该犯踊跃向监内《新生报》、分监区黑板报投稿，监内《新生报》录用5篇，分监区黑板报录用20篇。

该犯在考核期内取得的主要成绩：获得监狱单项表扬2次；2019年度、2020年度两次被评为监狱级改造积极分子；考核累积分360分，其中考核分290分，月均12.08分，奖励分70分。

该犯所在的分监区根据减刑工作的规定，依照程序对曹×旺提起减刑建议，经2021年1月18日分监区民警会议集体评议，认为曹×旺确有悔改表现，建议提请减刑1年。后经监区长办公会审核，监狱提请减刑假释评审委员会评审，2021年2月15日监狱长办公会决定提请人民法院裁定减刑1年6个月。

请你根据以上材料制作一份提请减刑建议书。

四、提请减刑建议书的实训练习

提请减刑建议书

（　　　）　　　字第　　　号

罪犯＿＿＿＿，男（女），＿＿年＿＿月＿＿日生，＿＿族，原户籍所在地＿＿＿＿＿＿＿＿＿＿＿＿，因＿＿＿罪经＿＿＿＿＿人民法院于＿＿＿年＿＿月＿＿日以（　　）＿＿＿＿字第＿＿号刑事判决书判处＿＿＿＿＿，附加＿＿＿＿＿＿＿＿＿，刑期自＿＿年＿＿月＿＿日至＿＿年＿＿月＿＿日止，于＿＿年＿＿月＿＿日送我狱服刑改造。

服刑期间执行刑期变动情况：＿＿

该犯在近期确有_____表现，具体事实如下：

_____
_____
_____
_____
_____
_____
_____
_____
_____
_____
_____
_____
_____
_____
_____
_____
_____
_____

　　为此，根据《中华人民共和国监狱法》第_____条、《中华人民共和国刑法》第_____条第_____款、《中华人民共和国刑事诉讼法》第_____条第_____款的规定，建议对罪犯_____予以减刑_____。特提请裁定。

　　此致

　　_____人民法院

（公章）
年　月　日

　　附：罪犯_____卷宗材料共_____卷_____册_____页。

【任务三】 提请假释建议书

一、提请假释建议书的制作方法

提请假释建议书中除标题外，需要填写的内容可以分为首部、正文和尾部 3 个部分。

（一）首部

首部由发文字号和罪犯的基本情况组成。

1. 发文字号

发文字号包括年份、机关代字、文书代字和发文序号 4 项内容。

2. 罪犯的基本情况

罪犯的基本情况包括罪犯的姓名、性别、出生日期、民族、原户籍所在地、罪名、判决机关、判决日期、判决书号、刑种刑期、附加刑、刑期起止、收监日期、服刑期间执行刑期变动情况 14 项内容。这些内容都可以从罪犯的服刑档案中查找。其填写方法与提请减刑建议书中罪犯的基本情况的填写方法相同。

（二）正文

正文由案由、事实和理由组成。

1. 案由

案由即提请假释的原因。应在"该犯在近期确有_____表现"这一句中的横线上填写"悔改"或者"悔改和立功"或者"悔改和重大立功"。

2. 事实

事实即悔改表现和立功表现的具体事实。这一部分写法可以参照提请减刑建议书的内容。但应注意，立功表现或者重大立功表现不能单独构成假释条件，也不是假释建议书的必备内容，但对法院的裁定有一定的影响。从广泛的悔改表现来看，立功表现或者重大立功表现可以看作是悔改表现的一种形式。因此，可以将立功表现或者重大立功表现融合在悔改表现中来叙述。

根据《最高人民法院关于办理减刑、假释案件具体应用法律的规定》第二十六条的规定，对老年和身体残疾（不含自伤致残）罪犯应写明具体情况。

另外，根据《最高人民法院关于办理减刑、假释案件具体应用法律的规定》第二十四条的规定，《中华人民共和国刑法》规定的"特殊情况"也应当在叙述中予以说明。

3. 理由

理由包括提请裁定的理由、法律依据和监狱机关的建议3项内容。

（1）提请裁定的理由：在叙述完具体事实之后，另起一段以"综上所述"开头，然后从悔改表现的四个方面对事实进行概括，并在概括事实的基础上得出符合法定的假释条件的结论。

（2）法律依据：即《中华人民共和国监狱法》第三十二条、《中华人民共和国刑法》第八十一条第一款、《中华人民共和国刑事诉讼法》第二百七十三条第二款。因为相关的法律名称已在执法文书中印制好，所以只需在横线上填写与之相应的法律条款即可。

（3）监狱机关的建议：这一项内容也已印制好，只需在横线上填写罪犯的姓名即可。

（三）尾部

尾部包括致送机关、成文日期和附项3项内容。

1. 致送机关

首先应另起一行空两格写"此致"，再另起一行顶格写明所要送达的人民法院的名称。

2. 成文日期

在该执法文书右下方注明成文日期，加盖监狱机关的印章。

3. 附项

在该执法文书的末尾"附"中填写罪犯的姓名及随文附送的罪犯服刑档案的卷数、册数、页数。附送的罪犯服刑档案应包括：假释建议书；终审法院的裁判文书、执行通知书、历次减刑裁定书的复制件；证明罪犯确有悔改、立功或者重大立功表现具体事实的书面材料；罪犯评审鉴定表、奖惩审批表等；罪犯假释后对所居住社区影响的调查评估报告；根据案件情况需要移送的其他材料。

二、制作提请假释建议书的注意事项

（1）发文字号中的文书代字既不能用"假"字，也不能用"释"字，而应当用"假建"字，如"（2022）×监假建字第1号"。

（2）如果没有附加刑，则应在"附加"后面填写"无"字或画斜线。

（3）如果原判为死刑缓期二年执行，则在填写刑期起止时应当在起始日期和截止日期的年月日前面分别画斜线；如果原判为无期徒刑，则在填写刑期起止时只需填写起始日期，但在截止日期的年月日前面应画斜线。

（4）在填写完服刑期间执行刑期变动情况之后，应当注明刑期的截止日期。执行刑期没有变化的则不填写。

（5）在案由中不能单独填写"立功"或"重大立功"。

（6）在叙述事实时，应当从悔改表现的四个方面分成几个段落进行叙述，每个段落的开头应当用一句概括性的语句作为该段落的段旨句。

（7）事实的叙述要充实具体，切忌抽象化、概念化，要注意运用数据、事例、评审结果等材料。

（8）在事实的叙述中，要有明确的时间概念，注意前后承接紧密，突出罪犯"一贯表现好，没有再犯罪的危险"。

（9）在援引相关的法律条文时，条、款都应用汉字填写，不得使用阿拉伯数字。

（10）对无期徒刑罪犯提请假释，还应附送经省（自治区、直辖市）监狱管理局签署意见的罪犯减刑（假释）审核表。

三、提请假释建议书的实训材料

罪犯葛×喜，男，1987年6月21日出生，汉族，家住××省××县××路15号3幢2单元402室，因犯职务侵占罪被××县人民法院于2013年1月19日以（2013）×法刑初字第4号刑事判决书判处有期徒刑15年，附加罚金3万元，刑期自2012年3月7日起至2027年3月6日止，2013年2月15日送××省××监狱服刑。服刑期间执行刑期变动情况：2015年3月，2018年11月，因确有悔改表现，分别被裁定减刑1年和9个月。

该犯入狱后，经入监教育，能够认识到自己的犯罪行为给国家和社会造成的严重危害，认为自己利用职务之便侵吞公司钱物的行为，既破坏了正常的经济秩序，也侵犯了公司员工的合法利益。他在2014年的一份思想汇报中写道："我的犯罪行为严重扰乱了公司正常的生产运营，使一个原本盈余的企业连年亏损，更重要的是涣散了公司员工的人心。我对自己贪欲的行为感到羞耻。犯罪的根源是私心膨胀，生活上爱慕虚荣，追求高消费，当入不抵支时，就把手伸向公司的账户。今天我唯一可选择的道路，就是痛定思痛，吸取犯罪教训，以积极改造的态度来赎罪。"

该犯平时能遵守课堂纪律，按时完成作业，到课率100%，"三课"平均成绩85.5分。能积极参加监狱组织的各项文体活动，2020年5月监狱组织的抗击疫情征文活动中，获得二等奖。

该犯在2018年的一份思想汇报中写道："法院对我的判决是罪有应得，我认罪服判。法院判我附加罚金3万元，我已通过变卖个人财产在判决生效后的一个月内缴纳。我要面对现实，接受法律的惩罚和改造，争取早日新生。"

该犯担任分监区改积委文体组长，能积极发挥自身的文艺特长，组织编排贴近改造生活的歌舞、小品、诗朗诵等文艺节目，在节假日和业余时间丰富罪犯的娱乐生活。创作的小品《新生》，获得2018年度省监狱局组织的全省服刑人员文艺会演优秀创作奖。

该犯能踏实履行劳动改造的服刑义务，把积极劳动看作是思想改造的重要途径。去年，因劳动表现突出，生产技术过硬，其劳动岗位由一线操作工调整为监区质量检验员。质量检验员往往要得罪人，但他不怕别人讽刺挖苦，严格把好产品质量关。他说："既然监区信任我为质量检验员，我就应该对监区负责，否则，我就是失职。"劳动期间，他总是在生产现场不停地巡检，尽可能把疵品控制在未然状态。一次，他在检验一单5000只箱包的样品裁片时，发现样品裁片的某个尺寸比设计要求小10毫米，一旦裁剪全部完工，后道工序就无法衔接，不但造成材料的损失，而且可能因不能按时交货遭客户要求巨额赔偿。由于其发现及时，避免了一起重大质量事故的发生。为此，他受到监狱单项记功奖励一次。

该犯在日常改造中能严格以《监狱服刑人员行为规范》作为行为准则，不仅熟记条文内容，而且严格按要求去做。对监狱和分监区的各项制度和纪律，也能自觉维护和遵守，考核期内未发生故意违规扣分的情况。一次，一名罪犯在劳动现场私自与一位外来人员接触，要求对方为其违规购买香烟，并将私藏的500元现金偷偷塞给对方。见此情形，该犯迅速向现场的值班民警汇报，民警及时制止了这起非法交易。

该犯能踊跃向监内《新生报》、分监区黑板报投稿，监内《新生报》录用4篇，分监区黑板报录用15篇。

该犯在考核期内取得的主要成绩：获得监狱单项记功一次；2019年度被评为记功，2020年度被评为监狱级改造积极分子。考核累积分350分，其中考核分290分，月均12.08分，奖励分60分。

该犯所在的分监区根据假释工作的规定，依照程序对葛×喜提起假释建议，经2021年1月18日分监区民警会议集体评议，认为葛×喜确有悔改和立功表现，建议提请假释。后经监区长办公会审核，监狱提请减刑假释评审委员会评审，2021年2月15日监狱长办公会决定提请人民法院裁定假释。

请你根据以上材料制作一份提请假释建议书。

四、提请假释建议书的实训练习

提请假释建议书

（　　）　　字第　　号

罪犯＿＿＿＿，男（女），＿＿年＿＿月＿＿日生，＿＿族，原户籍所在地＿＿＿＿＿＿＿＿＿＿，因＿＿＿＿罪经＿＿＿＿＿人民法院于＿＿年＿＿月＿＿日以（　　）＿＿字第＿＿号刑事判决书判处＿＿＿＿，附加＿＿＿＿，刑期自＿＿年＿＿月＿＿日至＿＿年＿＿月＿＿日止，于＿＿年＿＿月＿＿日送我狱服刑改造。

服刑期间执行刑期变动情况：

该犯在近期确有＿＿＿＿＿＿表现，具体事实如下：

为此，根据《中华人民共和国监狱法》第_____条、《中华人民共和国刑法》第_____条第_____款、《中华人民共和国刑事诉讼法》第_____条第_____款的规定，建议对罪犯_____予以假释。特提请裁定。

此致

_____人民法院

（公章）

年   月   日

附：罪犯_____卷宗材料共_____卷_____册_____页。

单元三　参考答案

单元四

罪犯出监类执法文书

【任务一】 罪犯出监鉴定表

一、罪犯出监鉴定表的制作方法

罪犯出监鉴定表分为封面和封内。

（一）封面

封面填写的内容包括姓名、填表机关、填表日期3项。
（1）姓名：填写出监罪犯的姓名。
（2）填表机关：填写监狱机关的名称。
（3）填写日期：注明具体的填写日期。

（二）封内

封内需要填写的内容可以分为罪犯的基本情况和意见2个部分。

1. 罪犯的基本情况

罪犯的基本情况包括出监罪犯的姓名、别名、性别、民族、出生日期、健康状况、家庭住址、原户籍所在地、罪名、原判法院、判决书号、原判刑期、附加刑、原判刑期起止、刑期变动情况、出监原因、出监时间、文化程度（原有、现有）、有何技术特长及等级、主要犯罪事实、家庭成员及主要社会关系、本人简历、改造表现、服刑期间奖罚情况共24个栏目。其中大部栏目都可以从出监罪犯的服刑档案中查找。

（1）健康状况：填写罪犯的实际健康状况。对于患有严重的慢性疾病或是身体有残疾的，应写明具体的病名和残疾情况。

（2）刑期变动情况：包括加刑、减刑及改判的情况，应依次写明判决和裁定的时间、原因及结果。

（3）出监原因：具体写明刑满释放、暂予监外执行、假释等。

（4）文化程度（原有、现有）：具体写明国家承认的最高学历，应以学校颁发的毕业证为准。

（5）有何技术特长及等级：应根据劳动部门颁发的技术等级证书填写。有多种技术证书的应一一填写清楚。

（6）主要犯罪事实：除原判的犯罪事实外，对于有加刑的，还应当将引起加刑的犯罪事实填写清楚。

（7）家庭成员及主要社会关系：应根据实际情况写明社会关系、姓名、年龄、职业、政治面貌等。

（8）本人简历：除了转抄罪犯入监登记表中填写的简历外，还应当将出监罪犯的服刑经历也填写清楚。

（9）改造表现：按照悔改表现要求的四个方面的情形进行填写。如果表现有明显的阶段性，应从时间上作出界定；如果有立功表现的，应将立功表现融合在悔改表现里；如果罪犯出监前出现一些异常表现，也应填写清楚。

（10）服刑期间奖罚情况：填写时应以时间为序，分别写明服刑期间所受的行政和刑事奖励、处罚及其原因。

2. 意见

意见包括分监区意见、监区意见、监狱意见和备注。

（1）分监区意见：填写时，首先概括地肯定罪犯所取得的成绩，其次具体指出其仍存在的主要问题或潜藏于灵魂深处的顽症，最后有针对性地提出帮教重点。对于没有设分监区的，此栏可以不填。

（2）监区意见：填写时，应在表示同意分监区意见的基础上适当加以补充。

（3）监狱意见：填写时应表态明确。

二、制作罪犯出监鉴定表的注意事项

（1）对于出监罪犯在服刑期间家庭住址有变迁的，应当填写变迁后的实际住址。

（2）刑期变动情况如果较多，可以采用综合叙写的方法。

（3）填写有何技术特长及等级栏目时，对于确有某种技术特长而由于某种原因未取得证书的，应根据实际情况填写。

（4）填写家庭成员及主要社会关系栏目时，对其中的关系应填写出监罪犯的称谓。

（5）填写意见时，应注意从接茬帮教、监督考察方面提出建设性意见。

三、罪犯出监鉴定表的实训材料

罪犯基本情况：张×虎，别名张老虎，男，汉族，1985年3月14日出生，家住××省××市××乡××村五组，因犯抢劫罪被××市中级人民法院于 2012 年 4 月 27 日以（2012）×法刑初字第 258 号刑事判决书判处有期徒刑 13 年，剥夺政治权利 3 年，刑期自 2011 年 10 月 16 日起至 2024 年 10 月 15 日止。服刑期间刑期变动情况如下：2015 年 2 月减刑 1 年；2018 年 4 月减刑 9 个月；2021 年 6 月减刑 9 个月，附加剥夺政治权利期限改为 1 年。刑满日期 2022 年 4 月 15 日。服刑期间文化程度由小学提高到初中，并取得钳工 3 级职业资格证书。

主要犯罪事实：2011 年 10 月 16 日凌晨，该犯潜入一家手机卖场盗窃，被值班人员发现后将其抓住。为抗拒抓捕，该犯用随身携带的弹簧刀刺伤值班人员，被闻声赶来的保安人员抓获。

改造表现：该犯在入监初期，认为对自己量刑过重，思想上曾有抵触情绪。后经教育，逐步认识到自己的犯罪行为给社会和被害人带来的危害，并决心努力改造，重新做人。通过服刑改造，能遵守法律法规及监规纪律，思想及行为得到一定的矫治，并敢于检举同犯中的违纪、犯罪行为。"三课"学习中，能认真听讲，按时完成作业。通过学习，文化水平得到提高，同时也掌握了一定的劳动技能。劳动中能服从分配，完成或超额完成任务，改造效果比较明显。

近 3 年改造期间主要奖罚情况：获得监狱季度表扬 6 次，年度监狱改造积极分子 1 次，年度记功 2 次。无行政、刑事处罚。分监区对其改造表现的评估意见为较好。

家庭成员及主要社会关系：父亲，张×治，农民（已病故）；母亲，刘×琴，农民；前妻，向×娟，商场售货员（2014 年已离婚）；哥哥，张×勇，农民；叔叔，张×权，商厦职员；舅舅，刘×峰，农民。

本人简历：1992 年 9 月至 1998 年 7 月在××市××乡××村小学读书；1998 年 8 月至 2009 年 8 月在家务农；2009 年 9 月至 2011 年 9 月在××省××市打工；2011 年 10 月至 2012 年 4 月在××市××看守所羁押；2012 年 5 月至今在××监狱服刑。

分监区基本评价及刑释后建议：通过服刑改造，该犯思想及行为得到一定的矫治，文化水平得到提高，掌握了一定的劳动技能，改造效果比较明显。但自控能力较弱，家庭经济困难，帮教条件较差。刑释后地方政府要加强对他的关心和帮助，妥善安置他就业。

监狱相关领导：分监区长鲁×刚、指导员杨×力、监区长周×强、教导员柳×智、监狱长林×宝、分管改造工作的副监狱长佟×军。

请你根据以上材料制作一份罪犯出监鉴定表。

四、罪犯出监鉴定表的实训练习

罪犯出监鉴定表

（　　）字第　　号

姓　　名：＿＿＿＿＿＿＿＿＿＿＿＿＿＿
填表机关：＿＿＿＿＿＿＿＿＿＿＿＿＿＿
填表日期：＿＿＿＿＿＿＿＿＿＿＿＿＿＿

姓名		别名		性别		民族	
出生日期		年　月　日		健康状况			
家庭住址							
原户籍所在地							
罪名		原判法院		判决书号			
刑期	原判刑期			附加刑			
	原判刑期起止	年　月　日起 年　月　日止		刑期变动情况			
出监原因		文化程度	原有：	有何技术特长及等级			
出监时间			现有：				

主要犯罪事实	
家庭成员及主要社会关系	
本人简历	
改造表现	
服刑期间奖罚情况	

分监区意见	（签字） 年　月　日
监区意见	（签字） 年　月　日
监狱意见	（签字） 年　月　日
备注	

【任务二】　　刑满释放人员通知书

一、刑满释放人员通知书的制作方法

刑满释放人员通知书一纸三联，由正本（两联）和存根组成。

（一）第一联

第一联是送达刑满释放人员原户籍所在地的安置帮教工作办公室的通知书。该联中除标题外，需要填写的内容可以分为文头、正文和文尾3个部分。

1. 文头

文头由发文字号和送达单位组成。
（1）发文字号：包括年份、机关代字、文书代字和序号4项内容。
（2）送达单位：是一个选择性项目。填写时，应将非选择性内容划掉。

2. 正文

正文包括刑满释放人员原户籍所在地、刑满释放人员的姓名、罪名、判决日期、判处的刑罚、入监日期、刑满释放日期、服刑表现、受表扬次数、记功次数、评为积极分子次数、减刑次数、减刑幅度、警告次数、记过次数、禁闭次数、加刑次数、加刑幅度、帮教性质、技术特长共20项内容。其中大部分内容都可以从刑满释放人员的服刑档案中查找。

（1）刑满释放人员原户籍所在地：是一个选择性项目。填写时，应将非选择性内容划掉。
（2）判处的刑罚：填写原判决的情况。一般表述为"死刑缓期二年执行""无期徒刑"或"有期徒刑×年"。
（3）服刑表现：是一个选择性项目。填写时，应将非选择性内容划掉。
（4）帮教性质：是一个选择性项目。填写时，应将非选择性内容划掉。
（5）技术特长：根据劳动部门颁发的技术等级证书填写。

3. 文尾

文尾由成文日期和监狱章组成。

（二）第二联

第二联是送达刑满释放人员原户籍所在地的公安机关的通知书。该联中除标题外，需要填写的内容可以分为文头、正文和文尾 3 个部分。

1. 文头

文头由发文字号和送达单位组成，其填写方法与第一联相同。

2. 正文

正文包括刑满释放人员原户籍所在地、刑满释放人员的姓名、被抓获的时间、抓获的公安机关、起诉机关、罪名、判决机关、判处的刑罚、入监日期、刑满释放日期、服刑表现、受表扬次数、记功次数、评为积极分子次数、减刑次数、减刑幅度、警告次数、记过次数、禁闭次数、加刑次数、加刑幅度、帮教性质、技术特长共 23 项内容。其中大部分内容都可以从第一联中转抄。

（1）抓获的公安机关：是一个选择性项目。填写时，应将非选择性内容划掉。

（2）起诉机关：填写起诉机关的名称。

3. 文尾

文尾由成文日期和监狱章组成。

（三）第三联（存根）

第三联（存根）由发文机关存档备查。除标题外，需要填写的内容包括发文字号、刑满释放人员的姓名、性别、出生日期、原户籍所在地、罪名、刑期起止日、附加（刑）、执行期间刑种和刑期变动情况、通知发往单位、通知发出时间、填发人、成文日期及监狱印章共 14 项内容。这些内容都可以从刑满释放人员的服刑档案中查找或从第一联和第二联转抄。

此外，三联相连的骑缝处（共有两处）的发文字号中的年份和序号都应当使用汉字大写，但在内容上必须与标题下方的发文字号完全相同，同时应加盖监狱机关的印章。

二、制作刑满释放人员通知书的注意事项

（1）该执法文书的发文字号中的文书代字不能仅用"通"字，而应当使用

"释通"字,如"(2022)×监释通字第1号"。

(2)如果罪犯掌握了多项技术,取得了多种技术证书,应在有何技术特长及等级一栏里填写清楚。

(3)存根中的刑期起止日应填写原判刑期的起止日期。

(4)罪犯的历次刑种和刑期的变化情况都应填写在执行期间刑种、刑期变动情况栏。如果刑种、刑期变化情况较多,则应采用综合叙述的方法。

(5)存根中通知发往单位应将送达的公安局和安置帮教办公室的名称都写上。

三、刑满释放人员通知书的实训材料

罪犯鄢×兵,男,1989年11月12日出生,住××省××县××镇××村六组,2014年8月28日因涉嫌诈骗罪,被××县公安局××派出所拘留,后被××区人民检察院提起公诉,2015年3月5日被××区人民法院以诈骗罪判处有期徒刑10年。刑期起止日期为2014年8月28日至2024年8月27日。2015年4月1日被送到××省××监狱服刑。该犯在服刑期间,2018年6月因确有悔改表现被裁定减刑1年3个月,2021年8月因确有悔改表现被裁定减刑1年,年度奖励情况为表扬1次、记功1次,被评为改造积极分子1次,无行政、刑事处罚记录。经职业技术教育,掌握烹调技能。经评估,该犯改造表现较好,释放后建议作为一般人员帮教。历次减刑后鄢×兵刑满释放日期为2022年5月27日。

请你根据以上材料制作一份刑满释放人员通知书。

四、刑满释放人员通知书的实训练习

刑满释放人员通知书

( ) 字第 号

_____省_____县(市、区)安置帮教工作办公室:

你县(市、区)_____乡(镇、街道)_____因犯_____罪于_____年_____月_____日被判处_____。于_____年_____月_____日起在我狱服刑,将于_____年_____月_____日刑满释放。服刑期间,其表现好(较好、一般、差）。曾受过表扬＿＿次，记功＿＿次，评为积极分子＿＿次，减刑＿＿次＿＿年＿＿月；警告＿＿次，记过＿＿次，禁闭＿＿次，加刑＿＿次＿＿年＿＿月。释放后，建议作为一般（重点）人员帮教。本人曾获得证书，掌握＿＿技术。请接此通知后，做好帮教工作准备。

（监狱章）

年　月　日

刑满释放人员通知书

（　）　字第　号

＿＿省＿＿县（市、区）公安局：

你县（市、区）＿＿乡（镇、街道）＿＿于＿＿年＿＿月＿＿日由县（市）＿＿（派出所、刑警队）抓获，由＿＿检察院起诉。因＿＿罪被＿＿人民法院判处＿＿。于＿＿年＿＿月＿＿日起在我狱服刑，将于＿＿年＿＿月＿＿日刑满释放。服刑期间，其表现好（较好、一般、差）。曾受过表扬＿＿次，记功＿＿次，评为积极分子＿＿次，减刑＿＿次＿＿年＿＿月；警告＿＿次，记过＿＿次，禁闭＿＿次，加刑＿＿次＿＿年＿＿月。释放后，建议作为一般（重点）人员帮教。本人曾获得证书，掌握＿＿技术。请接此通知后，做好帮教工作准备。

（公章）

年　月　日

刑满释放人员通知书

（存根）

（　）字第　　号

姓　　名：_____

性　　别：_____

出生日期：_____

原户籍所在地：_____

罪　　名：_____

刑期起止日：_____

附　　加：_____

执行期间刑种、刑期变动情况：_____

_____

通知发往单位：_____

通知发出时间：_____

填 发 人：_____

（监狱章）

年　　月　　日

【任务三】　假释证明书

一、假释证明书的制作方法

假释证明书一纸三联，由正本、副本和存根组成。

（一）正本

正本由被假释人保存，作为其获得假释、部分恢复人身自由的凭证。除标题外，需要填写的内容包括发文字号、被假释人的姓名、性别、出生日期、原户籍所在地、罪名、判决时间、判决机关、判处的刑罚、附加（刑）、裁定机关、假释考验期限、成文日期及监狱机关的印章共 14 项。这些内容都可以从被假释人的服刑档案中查找。

（1）原户籍所在地：填写被假释人捕前户口登记所在地。

（2）判处的刑罚：填写原判决的情况。一般表述为"死刑缓期二年执行""无期徒刑"或"有期徒刑×年"。

（3）附加（刑）：填写原判刑期的附加刑。如果没有则填写"无"或者画斜线。

（4）裁定机关：填写裁定假释的人民法院的名称。

（5）假释考验期限：按裁定书上的考验期限填写。

（二）副本

副本由被假释人在指定的时间内送达假释后其居住地的公安派出所，作为办理户口登记手续的凭据。副本所包含的内容和填写方法与正本基本相同，只是增加了送达被假释人居住地的公安派出所的时间和派出所的名称两项。送达公安派出所的时间应当根据需要填写清楚。

（三）存根

存根由发文机关存档备查。除标题外，需要填写的内容包括发文字号、被假释人的姓名、性别、出生日期、原户籍所在地、原判法院、罪名、刑种、原判刑期起止日期、附加（刑）、执行期间刑种和刑期变动情况、假释考验期、假释后住址、填发人、审核人、填发日期、被假释人（签名）及（签名）日期共 18 项内容。其中大部分内容可以从正本和副本中转抄。

（1）执行期间刑种、刑期变动情况：填写时应把减刑、加刑引起的刑种和刑期变动情况写清楚。经过多次减刑、加刑，如果只有刑期变动的，可以概括地写为减刑、加刑各几次，总期限多少；如果其中只有刑种变动的，则应专项写明判决、裁定的时间和结果。

（2）假释后住址：填写时，根据实际情况写明确切的住址。如果住址没有变化的，则以判决书上的住址为准；如果住址搬迁的，则以搬迁后的住址为准。

（3）审核人：由监狱主管领导签字。

此外，三联相连的骑缝处（共有两处）的发文字号中的年份和序号都应当使用汉字大写，但在内容上必须与标题下方的发文字号完全相同，同时应加盖监狱机关的印章。

二、制作假释证明书的注意事项

（1）发文字号中的文书代字不能仅用"释"字，因为"释"字易与释放证明书产生混淆。可以采用"假释证"字，如"（2022）×监假释证字第1号"。

（2）正本和副本中的"性别"都是选择性栏目，因而在填写时应当将非选择性项目划掉。

（3）如果被假释人原判为无期徒刑，在填写存根中的原判刑期起止日期时，则应当在刑期截止日期的年月日前面画斜线；如果被假释人原判为死刑缓期二年执行，在填写存根中的原判刑期起止日期时，则应当在刑期起止日期前分别画斜线。

三、假释证明书的实训材料

罪犯罗×平，男，1993年5月16日出生，家住××省××县××小区7幢3单元601室，因犯交通肇事罪于2017年8月17日被××县人民法院判处有期徒刑7年，刑期自2017年3月25日起至2024年3月24日止，2017年9月12日送××省××监狱服刑。2020年1月减刑1年，2022年4月8日被××市中级人民法院裁定假释，假释日期自2022年4月8日起至2023年3月24日止。

请你根据以上材料制作一份假释证明书。

四、假释证明书的实训练习

假释证明书

（　　）　　字第　　号

兹有＿＿＿＿＿＿，男（女），＿＿年＿＿月＿＿日生，原户籍所在地＿＿＿＿＿＿＿＿＿＿，因＿＿＿＿罪于＿＿年＿＿月＿＿日经＿＿＿＿人民法院判处＿＿＿＿＿＿，附加＿＿＿＿＿＿。现依据＿＿＿＿＿＿人民法院裁定，予以假释。假释考验期限自＿＿年＿＿月＿＿日起至＿＿年＿＿月＿＿日止。

特此证明。

（公章）

年　月　日

注意事项：此页由被假释人保存。

假释证明书

（副本）

（　　）　字第　　号

兹有_____，男（女），____年__月__日生，原户籍所在地_____，因_____罪于____年__月__日经_____人民法院判处_____，附加_____。现依据_____人民法院裁定，予以假释。假释考验期限自_____年__月__日起至____年__月__日止。

特此证明。

（公章）

年　月　日

注意事项：

1. 持证人必须在_____年____月____日以前将本证明书副本送达_____县（市）_____派出所办理户口登记手续。

2. 本证明书私自涂改无效。

假释证明书

（存根）

（　　）　　字第　　号

姓　　名：_____
性　　别：_____
出生日期：_____年_____月_____日
原户籍所在地：_____
原判法院：_____
罪　　名：_____
刑　　种：_____
原判刑期：自____年____月____日至____年____月____日
附加_____
执行期间刑种、刑期变动情况：_____
_____
假释考验期：_____
假释后住址：_____
填 发 人：_____
审 核 人：_____
填发日期：_____年_____月_____日

本假释证明书和副本已发给我。

被假释人：（签名）
　　　年　　月　　日

【任务四】　释放证明书

一、释放证明书的制作方法

释放证明书一纸三联，由正本、副本和存根组成。

（一）正本

正本由被释放人保存，作为其获得释放的凭证。除标题外，需要填写的内容包括发文字号、被释放人的姓名、性别、出生日期、原户籍所在地、罪名、判决时间、判决机关、判处的刑罚、附加（刑）、减刑次数、减刑幅度、加刑次数、加刑幅度、实际执行刑期、附加（刑）、释放理由、成文日期及监狱机关的印章共19项内容。这些内容都可以从被释放人的服刑档案中查找。

（1）判处的刑罚：填写原判决的情况。一般表述为"死刑缓期二年执行""无期徒刑"或"有期徒刑×年"。

（2）附加（刑）：第一个填写原判决的附加刑，第二个填写罪犯释放前实际应当执行的附加刑。如果没有则填写"无"或者画斜线。

（3）实际执行刑期：填写实际执行的总的刑期。

（4）释放理由：一般是指刑满释放，也有少数是改判无罪的。如果有特殊情况，应当根据实际情况填写。

（二）副本

副本由持证人在指定的时间内送达释放后其居住地的公安派出所，作为办理户口登记手续的凭据。除标题外，需要填写的内容与填写的方法与正本基本相同，只是在注意事项中增加了送达罪犯刑满释放后居住地的公安派出所的时间和派出所的名称两项。送达公安派出所的时间应当根据需要填写清楚。

（三）存根

存根由发文机关存档备查。其中需要填写内容包括发文字号、被释放人的姓名、性别、出生日期、原户籍所在地、原判法院、罪名、刑种、原判刑期起止日期、附加（刑）、执行期间刑种和刑期变动情况、释放理由、释放后住址、填发人、审核人、填发日期、被释放人（签名）及（签名）日期共18项内容。其中大部分内容都可以从正本和副本中转抄。

（1）释放理由：可以从正本或副本中转抄。

（2）释放后住址：根据实际情况写明罪犯释放后的确切住址。如果住址没有变化的，则以判决书上的住址为准；如果住址搬迁的，则以搬迁后的住址为准。

（3）审核人：由主管监狱领导签字。

此外，三联相连的骑缝处（共有两处）的发文字号中的年份和序号都应当使用汉字大写，但在内容上必须与标题下方的发文字号完全相同，同时应加盖监狱机关的印章。

二、制作释放证明书的注意事项

(1) 发文字号中的文书代字不能仅用"释"字,因为"释"字易与其他执法文书产生混淆。可以采用"释证"字,如"(2022)×监释证字第1号"。

(2) 正本和副本中的减刑次数指总的减刑次数,包括死刑缓期二年执行减为无期徒刑或者有期徒刑的情况,也包括无期徒刑减为有期徒刑的情况。

(3) 正本和副本中的实际执行刑期是指总的执行刑期,因此,在填写原判为死刑缓期二年执行或者无期徒刑罪犯的实际执行刑期时,应当将死刑缓期二年执行和无期徒刑期间的执行刑期加上。

(4) 填写存根中的执行期间刑种、刑期变动情况时,罪犯的历次刑种和刑期的变化情况都应填写在执行期间刑种、刑期变化情况栏。如果刑种、刑期变化情况较多,则应采用综合叙述的方法。

三、释放证明书的实训材料

罪犯龚×华,男,1987年8月20日出生,家住××省××县××乡××村二组,因犯抢劫罪于2011年2月15日被××省××县人民法院判处有期徒刑15年,附加剥夺政治权利2年,刑期自2010年7月26日起至2025年7月25日止。2011年3月10日被送××省××监狱服刑。2015年11月减刑1年3个月,2018年10月减刑1年,2021年12月减刑1年。经过历次减刑,该犯刑期截止日期为2022年4月25日。

请你根据以上材料制作一份释放证明书。

四、释放证明书的实训练习

释放证明书

(　　) 　字第　　号

兹有＿＿＿＿＿＿,男(女),＿＿年＿月＿日生,原户籍所在地＿＿＿＿＿＿＿＿＿＿＿＿＿＿＿＿,因＿＿＿＿罪于＿＿年＿月＿日经＿＿＿＿人民法院判处＿＿＿＿＿＿＿＿,附加＿＿＿＿＿＿。服刑期间,减刑＿＿次,减刑＿＿年＿＿月,加刑＿＿次,加刑_____年_____月，实际执行刑期_____，附加_____。现因_____予以释放。

　　特此证明。

（公章）
年　　月　　日

注：此页由被释放人保存。

释放证明书

（副本）

（　　）　　字第　　号

兹有_____，男（女），_____年_____月_____日生，原户籍所在地_____，因_____罪于_____年_____月_____日经_____人民法院判处_____，附加_____。服刑期间，减刑_____次，减刑_____年_____月，加刑_____次，加刑_____年_____月，实际执行刑期_____，附加_____。现因_____予以释放。

　　特此证明。

（公章）
年　　月　　日

注意事项：

1. 持证人必须在_____年_____月_____日以前将本证明书副本送达_____县（市）_____派出所办理户口登记手续。

2. 本证明书私自涂改无效。

释放证明书

(存根)

（　　）　字第　　号

姓　　　名：＿＿＿＿＿＿＿＿＿＿＿＿＿＿＿＿＿＿＿
性　　　别：＿＿＿＿＿＿＿＿＿＿＿＿＿＿＿＿＿＿＿
出生日期：＿＿＿＿年＿＿＿月＿＿＿日
原户籍所在地：＿＿＿＿＿＿＿＿＿＿＿＿＿＿＿＿
原判法院：＿＿＿＿＿＿＿＿＿＿＿＿＿＿＿＿＿＿
罪　　　名：＿＿＿＿＿＿＿＿＿＿＿＿＿＿＿＿＿＿＿
刑　　　种：＿＿＿＿＿＿＿＿＿＿＿＿＿＿＿＿＿＿＿
原判刑：＿＿＿自＿＿年＿＿月＿＿日至＿＿＿年＿＿月＿＿日
附　　　加：＿＿＿＿＿＿＿＿＿＿＿＿＿＿＿＿＿＿＿
执行期间刑种、刑期变动情况：＿＿＿＿＿＿＿＿＿＿＿＿＿

＿＿＿＿＿＿＿＿＿＿＿＿＿＿＿＿＿＿＿＿＿＿＿＿＿＿＿＿＿
释放理由：＿＿＿＿＿＿＿＿＿＿＿＿＿＿＿＿＿＿＿
释放后住址：＿＿＿＿＿＿＿＿＿＿＿＿＿＿＿＿＿＿
填发人：＿＿＿＿＿＿＿＿＿＿＿＿＿＿＿＿＿＿＿
审核人：＿＿＿＿＿＿＿＿＿＿＿＿＿＿＿＿＿＿＿
填发日期：＿＿＿＿年＿＿＿月＿＿＿日

本释放证明书和副本已发给我。

被释放人：（签名）

＿＿＿＿年＿＿月＿＿日

单元四　参考答案

单元五

罪犯行政奖惩类执法文书

【任务一】 罪犯奖励审批表

一、罪犯奖励审批表的制作方法

罪犯奖励审批表中除标题外，需要填写的内容可以分为表头和表腹两个部分。

（一）表头

表头包括单位和罪犯编号两项内容。

（1）单位：填写罪犯服刑所在监狱单位的名称，如"×监区""×监区×分监区"。

（2）罪犯编号：填写的内容应与罪犯入监登记表中的（罪犯）编号保持一致。

（二）表腹

表腹包括罪犯的基本情况、奖励依据和意见3个部分。

1. 罪犯的基本情况

罪犯的基本情况包括罪犯的姓名、性别、出生日期、民族、文化程度、罪名、刑种、刑期、刑期起止共9个栏目。这些栏目的填写都可以从罪犯服刑档案中查找。

2. 奖励依据

奖励依据包括事实依据和法律依据。

（1）事实依据：根据《中华人民共和国监狱法》第五十七条第一款的规定，只要受奖励罪犯的行为符合其所规定的情形之一的，都可以作为事实依据。叙述时，应着重叙述典型事例或主要情节，将事实的时间、地点、人物、情节和结果填写清楚。

现实工作中，由于各省（自治区、直辖市）所属监狱均采用的是计分考核的办法，对罪犯的改造、生产实行量化，并将考核的结果作为奖励的依据。奖励分为季度表扬和记功，季度表扬又分为当季季度表扬和历季季度表扬。季度表扬的指标由监狱对监区进行考核后下达，监区再对分监区进行考核后下达。分监区根据对罪犯的考核结果按当季和历季进行排名，排名符合奖励要求的即给予奖励，但各省（自治区、直辖市）所属监狱采用的奖励标准基本上不统一，且以计分考核作为奖励的尺度是否科学还有待于商榷。因此，在目前司法部并没有作出统一要求的情况下，事实依据的填写应以各省（自治区、直辖市）监狱管理局所规定的格式为准。

（2）法律依据：根据事实依据填写《中华人民共和国监狱法》第五十七条的相关款项。如果是根据计分考核的结果给予罪犯季度表扬、物质奖励的，则还应写明《监狱计分考核罪犯工作规定》中的相关条款。

3. 意见

意见包括分监区意见、监区意见、狱政科意见和监狱意见4项。

（1）分监区意见：填写时，先对罪犯应受奖励的客观事实进行简单概括，然后用程式化语言表述："经×年×月×日分监区会议讨论，建议给予该犯××奖励。"最后由分监区长签字并注明日期。对于没有设分监区的，分监区意见栏则不用填写。

（2）监区意见：填写时，先写明监区研究情况，然后表明是否同意分监区意见，最后由监区长签字并注明日期。

（3）狱政科意见：审查表中内容是否真实、准确、符合要求，以供领导批示时参考。最后由狱政科科长签字并注明日期。

（4）监狱意见：是对罪犯是否奖励的最后发生法律效力的决定。填写时，应明确表示给予什么奖励或不予奖励的原因。最后由主管监狱长签字，注明日期，加盖监狱机关的印章。

二、制作罪犯奖励审批表的注意事项

（1）凡提请对罪犯给予表扬、物质奖励或记功的均填写此表。

（2）文化程度有变化的还应填写变化后实际具有的学历。可采用"原"和"现"的形式填写。

（3）罪名、刑种、刑期、刑期起止均应填写该犯的原判决情况。（说明：其实，此处填写该犯原判决的罪名、刑种、刑期、刑期起止，或是该犯实际具有的罪名、刑种、刑期、刑期起止都不为错，因为该表本身并未予以说明。如果为了更加详细地了解该犯的有关情况，建议可在刑种、刑期、刑期起止栏的下方增加刑种、刑期变动情况一栏。)

(4) 奖励依据：先写事实依据，后写法律依据，二者缺一不可。

(5) 分监区意见中的"签字"只需分监区主要责任人签字即可，没有必要实行"双签"，更没有必要实行多重责任人签字。同时，按照司法部监狱管理局的要求，本栏目亦没有必要加盖分监区的印章。

三、罪犯奖励审批表的实训材料

罪犯高×贵，男，1990年7月19日出生，汉族，初中文化，因犯抢劫罪于2017年3月被判处有期徒刑15年，刑期自2016年6月5日起至2031年6月4日止。现在××省××监狱一监区三分监区服刑，其罪犯编号为××××××2437。2019年8月因确有悔改表现被裁定减刑1年，刑期截止日期为2030年6月4日。

2022年1月28日上午10时许，罪犯顾×勇与罪犯肖×平在分监区娱乐室下象棋，罪犯高×贵蹲在一旁观看。因顾×勇悔棋而与肖×平发生争吵，继而相互推搡。后来，肖×平拿起凳子便朝顾×勇的头部砸去。此时高×贵猛地站起来并顺势将顾×勇推开，结果凳子砸在了高×贵的后背上。正在不远处执勤的民警闻讯赶来，及时将罪犯肖×平控制住，并将罪犯高×贵送往医务室进行检查。经诊断，高×贵的左背部有一块2厘米×13厘米的淤青，未伤及骨头。经2022年2月4日分监区全体民警会议讨论，建议给予罪犯高×贵记功奖励。

请你根据以上材料制作一份罪犯奖励审批表。

四、罪犯奖励审批表的实训练习

罪犯奖励审批表

单位： 罪犯编号：

姓名		性别		出生日期	年　　月　　日
民族		文化程度		罪名	
刑种		刑期		刑期起止	自　　年　　月　　日 至　　年　　月　　日

续表

刑期变动情况	
奖励依据	
分监区意见	(签字) 年　月　日
监区意见	(签字) 年　月　日

单元五　罪犯行政奖惩类执法文书

续表

狱政科意见	
	（签字） 　　年　月　日
监狱意见	
	（签字） 　　年　月　日

说明：凡提请对罪犯给予表扬、物质奖励或记功均填写此表。

【任务二】　　罪犯奖励通知书

一、罪犯奖励通知书的制作方法

罪犯奖励通知书一纸两联，由正本和存根组成。

（一）正本

除标题外，需要填写的内容包括发文字号、通知对象、奖励原因、奖励种类、通知日期及监狱印章共 6 项内容。

（1）发文字号：由年份、机关代字、文书代字和发文序号组成。

（2）通知对象：即受奖励罪犯的姓名。

（3）奖励原因：用概括性的语言写明奖励的直接原因。

（4）奖励种类：填写由监狱最后决定的奖励种类的名称。

（5）通知日期：填写成文日期，同时加盖监狱机关的印章。

（二）存根

除标题外，需要填写的内容包括发文字号、受奖励罪犯的姓名、性别、出生日期、罪名、刑期、奖励原因、奖励种类、通知日期、经办人签字共 10 项内容。其中罪犯的基本情况部分可以从罪犯服刑档案中查找，发文字号、奖励原因、奖励种类、通知日期则可以从正本中转抄。最后由经办人签字。

另外，两联相连的骑缝处的发文字号中的年份和序号都应当使用汉字大写，但在内容上必须与标题下方的发文字号完全相同，同时应加盖监狱机关的印章。

二、制作罪犯奖励通知书的注意事项

（1）此执法文书适用于对罪犯给予表扬、物质奖励或者记功奖励。

（2）发文字号中的文书代字不能仅用"通"字，而应当使用"奖通"字，如"（2022）×监奖通字第 1 号"。

（3）罪名应当与罪犯奖励审批表中填写的罪名保持一致。如果在罪犯奖励审批表中填写的是原判决的罪名，那么对于在服刑中发现了余罪或又犯罪的罪名均应予以注明。

（4）刑期应当与罪犯奖励审批表中填写的刑期保持一致。如果在罪犯奖励审批表中填写的是原判决的刑期，那么对于在服刑中刑期有变化的，则应注明刑期变化的情况。

（5）正本、存根和骑缝处的发文字号在内容上应保持一致。

（6）奖励原因是指直接原因，应简洁、准确。

三、罪犯奖励通知书的实训材料

罪犯高×贵，男，1990 年 7 月 19 日出生，汉族，初中文化，因犯抢劫罪于 2017 年 3 月被判处有期徒刑 15 年，刑期自 2016 年 6 月 5 日起至 2031 年 6 月 4 日止，在××省××监狱一监区三分监区服刑，其罪犯编号为×××××× 2437。2019 年 8 月因确有悔改表现被裁定减刑 1 年，刑期截止日期为 2030 年 6 月 4 日。

2022 年 1 月 28 日上午 10 时许，罪犯顾×勇与罪犯肖×平在分监区娱乐室下象棋，罪犯高×贵蹲在一旁观看。因顾×勇悔棋而与肖×平发生争吵，继而相互推搡。后来，肖×平拿起凳子便朝顾×勇的头部砸去。此时高×贵猛地站起来并顺势将顾×勇推开，结果凳子砸在了高×贵的后背上。正在不远处执勤的民警闻讯赶来，及时将罪犯肖×平控制住，并将罪犯高×贵送往医务室进行检查。经诊断，高×贵的左背部有一块 2 厘米×13 厘米的淤青，未伤及骨头。罪犯高×贵在他犯的生命受到威胁的紧急关头敢于挺身而出，并用自己的身躯阻挡砸向他犯头部的凳子，避免了一场伤害事件的发生。其表现符合行政奖励情形，经 2022 年 2 月 4 日分监区全体民警会议讨论，建议给予罪犯高×贵记功奖励。经上级 2022 年 2 月 9 日审批，同意给予罪犯高×贵记功奖励。

请你根据以上材料制作一份罪犯奖励通知书。

四、罪犯奖励通知书的实训练习

罪犯奖励通知书

（　　）字第　　号

_____：

　　你在服刑改造期间，因_____
_____。

根据《中华人民共和国监狱法》第五十七条的规定，决定给予_____
_____。

特此通知。

（公章）

年　月　日

罪犯奖励通知书

（存根）

（　　）字第　　号

姓　　名：_____

性　　别：_____

出生日期：_____年_____月_____日

```
罪    名：_____
刑    期：_____
奖励原因：_____
奖励种类：_____
已于_____年____月____日通知本人
经办人签字：_____
```

【任务三】　罪犯处罚审批表

一、罪犯处罚审批表的制作方法

罪犯处罚审批表中除标题外，需要填写的内容可以分为表头和表腹两个部分。

（一）表头

表头包括单位和罪犯编号两项内容。

（1）单位：填写罪犯服刑所在监狱单位的名称，如"×监区""×监区×分监区"。

（2）罪犯编号：填写的内容应与罪犯入监登记表中的（罪犯）编号保持一致。

（二）表腹

表腹包括罪犯的基本情况、处罚依据、意见3个部分。

1. 罪犯的基本情况

罪犯的基本情况包括罪犯的姓名、性别、出生日期、民族、文化程度、罪名、刑种、刑期、刑期起止、刑期变动情况共10个栏目。这些栏目的填写方法与罪犯奖励审批表中相应栏目的填写方法相同。

2. 处罚依据

处罚依据包括事实依据和法律依据两项内容。

(1) 事实依据：根据《中华人民共和国监狱法》第五十八条第一款的规定，只要受行政处罚罪犯的行为符合其所规定的情形之一的，都可以作为事实依据。叙述时，应着重叙述典型事例或主要情节，将事实的时间、地点、人物、情节和结果填写清楚。

(2) 法律依据：根据事实依据填写《中华人民共和国监狱法》第五十八条的相关款项。

3. 意见

意见包括分监区意见、监区意见、狱政科意见和监狱意见4个栏目。

(1) 分监区意见：填写时，先对罪犯违反监规纪律的事实简要概括，然后采用格式化的语言表述为："为遏止该犯的嚣张气焰，达到教育本人的目的，根据《中华人民共和国监狱法》第五十八条第一款第×项的规定，建议给予罪犯×××警告（或记过）处分。"最后由分监区长签字并注明日期。对于没有设分监区的，分监区意见栏则不用填写。

(2) 监区意见：应写明监区研究情况，表明是否同意分监区意见，最后由监区长签字并注明日期。

(3) 狱政科意见：应写明审核情况，指出罪犯的行为是否触犯了《中华人民共和国监狱法》第五十八条的规定，然后提出给予处罚的种类。最后由狱政科科长签字并注明日期。

(4) 监狱意见：明确表示给予处罚的种类或不给予处罚的原因。最后由监狱长签字，注明日期，并加盖监狱机关的印章。

二、制作罪犯处罚审批表的注意事项

(1) 凡提请对罪犯给予警告或记过的均填写此表。

(2) 文化程度有变化的还应填写变化后实际具有的学历，可采用"原"和"现"的形式填写。

(3) 罪名、刑种、刑期、刑期起止均应填写该犯的原判决情况。（说明：参见罪犯奖励审批表中的相关内容。）

(4) 奖励依据：先写事实依据，后写法律依据，二者缺一不可。

三、罪犯处罚审批表的实训材料

罪犯武×平，男，1982年11月9日出生，汉族，初中文化，因犯拐卖妇女罪，于 2017 年 5 月 14 日被判处有期徒刑 12 年，刑期自 2016 年 8 月 15 日起至 2028 年 8 月 14 日止。现在××省××监狱四监区二分监区服刑，其罪犯编号为×××××3581。2020 年 8 月因确有悔改表现被裁定减刑 1 年，刑期截止日期为 2027 年 8 月 14 日。在 2021 年 1 月份的会见中，武×平将家属夹带在衣物中的 500 元现金隐藏起来。2021 年 2 月 21 日上午 10 时 25 分许，罪犯武×平偷偷与前来联系业务的外来人员崔×正接触，要求其代为购买香烟，并许诺给其 200 元好处费，崔×正允诺。2021 年 2 月 27 日下午 3 时 20 分许，崔×正将两条××牌香烟带进四监区二分监区生产区，在与罪犯武×平进行交接时被值班民警当场查获。罪犯武×平私藏现金并与外来人员进行非法交易的行为，已经对监管改造秩序构成一定的危害，其行为符合处罚情形。经 2021 年 2 月 28 日分监区民警会议集体讨论，提请给予记过处罚。

请你根据以上材料制作一份罪犯处罚审批表。

四、罪犯处罚审批表的实训练习

罪犯处罚审批表

单位：　　　　　　　　　　　　　　　　　　　　　　　　　　罪犯编号：

姓名		性别		出生日期	年　　月　　日
民族		文化程度		罪名	
刑种		刑期		刑期起止	自　　年　　月　　日 至　　年　　月　　日
刑期变动情况					
处罚依据					

续表

分监区意见	(签字) 年 月 日
监区意见	(签字) 年 月 日
狱政科意见	(签字) 年 月 日
监狱意见	(签章) 年 月 日

说明：凡提请对罪犯给予警告、记过的均填写此表。

【任务四】 罪犯处罚通知书

一、罪犯处罚通知书的制作方法

罪犯处罚通知书一纸两联，由正本和存根组成。

（一）正本

除标题外，正本需要填写的内容包括发文字号、通知对象、处罚原因、处罚种类、通知日期及监狱印章共 6 项内容。其填写的方法与罪犯奖励通知书中相应栏目的填写方法相同。

（二）存根

存根需要填写的内容包括发文字号、受处罚罪犯的姓名、性别、出生日期、罪名、刑期、处罚原因、处罚种类、通知日期、经办人签字共 10 项内容。其填写的方法与罪犯奖励通知书中相应栏目的填写方法相同。

另外，两联相连的骑缝处的发文字号中的年份和序号都应当使用汉字大写，但在内容上必须与标题下方的发文字号完全相同，同时应加盖监狱机关的印章。

二、制作罪犯处罚通知书的注意事项

（1）发文字号中的文书代字不能仅用"通"字，而应当使用"罚通"字，如"（2022）×监罚通字第 5 号"。

（2）正本、存根和骑缝处的发文字号在内容上应保持一致。

（3）罪名应当与罪犯处罚审批表中填写的罪名保持一致。如果在罪犯处罚审批表中填写的是原判决的罪名，那么对于在服刑中发现了余罪或又犯罪的罪名均应予以注明。

（4）刑期应当与罪犯处罚审批表中填写的刑期保持一致。如果在罪犯处罚审批表中填写的是原判决的刑期，那么对于在服刑中刑期有变化的，则应注明刑期变化的情况。

(5) 处罚原因是指直接原因，应简洁、准确。

(6) 此执法文书适用于对罪犯给予警告或记过处罚。

三、罪犯处罚通知书的实训材料

罪犯武×平，男，1982年11月9日出生，汉族，初中文化，因犯拐卖妇女罪，于2017年5月14日被判处有期徒刑12年，刑期自2016年8月15日起至2028年8月14日止。现在××省××监狱四监区二分监区服刑，其罪犯编号为×××××3581。2020年8月因确有悔改表现被裁定减刑1年，刑期截止日期为2027年8月14日。在2021年1月份的会见中，武×平将家属夹带在衣物中的500元现金隐藏起来。2021年2月21日上午10时25分许，罪犯武×平偷偷与前来联系业务的外来人员崔×正接触，要求其代为购买香烟，并许诺给其200元好处费，崔×正允诺。2021年2月27日下午3时20分许，崔×正将两条××牌香烟带进四监区二分监区生产区，在与罪犯武×平进行交接时被值班民警当场查获。罪犯武×平私藏现金并与外来人员进行非法交易的行为，已经对监管改造秩序构成一定的危害，其行为符合处罚情形。经2021年2月28日分监区民警会议集体讨论，提请给予记过处罚。经上级2021年3月8日审批，同意给予罪犯武×平记过处分。

请你根据以上材料制作一份罪犯处罚通知书。

四、罪犯处罚通知书的实训练习

罪犯处罚通知书

（　　）字第　　号

　　　　　　　：

你在服刑改造期间，因＿＿＿＿＿＿＿＿＿＿＿＿＿＿＿＿＿＿＿＿＿＿

＿＿＿＿＿＿＿＿＿＿＿＿＿＿＿＿＿＿＿＿＿＿＿＿＿＿＿＿＿＿＿＿＿＿

根据《中华人民共和国监狱法》第五十八条的规定，决定给予＿＿＿＿＿。特此通知。

（公章）

年　月　日

罪犯处罚通知书

(存根)

( ) 字第 号

姓　　名：_____

性　　别：_____

出生日期：_____年_____月_____日

罪　　名：_____

刑　　期：_____

处罚原因：_____

处罚种类：_____

已于_____年_____月_____日通知本人

经办人签字：_____

说明：适用于对罪犯予以警告或记过处罚。

【任务五】 罪犯离监探亲审批表

一、罪犯离监探亲审批表的制作方法

罪犯离监探亲审批表中除标题外，需要填写的内容可以分为罪犯的基本情况、罪犯亲属的基本情况、离监探亲事由和意见4个部分。

（一）罪犯的基本情况

罪犯的基本情况包括罪犯的姓名、性别、出生日期、罪名、刑期、刑期起止、剥夺政治权利共7个栏目。这些栏目的内容都可以从罪犯服刑档案中查找，其填写方法与罪犯入监登记表相应栏目的填写方法相同。

（二）罪犯亲属的基本情况

罪犯亲属的基本情况包括罪犯亲属的姓名、与罪犯关系、职业、政治面貌、家庭住址和身份证号共6个栏目。这些栏目的内容由罪犯亲属提供，其填写方法与罪犯入监登记表相应栏目的填写方法相同。

（三）离监探亲事由

离监探亲事由分为离监探亲和特许离监探亲两种情况。填写时，应根据《中华人民共和国监狱法》第五十七条和《罪犯离监探亲和特许离监规定》第二条及第十一条的规定写明罪犯离监探亲的具体事由。

（四）意见

意见包括监区意见、狱政科意见和监狱意见3个栏目。

（1）监区意见：首先应写明审查情况，即罪犯离监探亲的理由是否符合离监探亲的条件，其次提出该犯离监探亲的时间及期限，最后由监区负责人签字并注明日期。

（2）狱政科意见：填写时，首先应写明审核情况，其次写明罪犯离监探亲的时间和期限。如果不同意监区意见，则应写明原因。最后由狱政科负责人签字并注明日期。

（3）监狱意见：填写时，首先应明确表明态度，如果同意罪犯离监探亲，则应写明具体的时间和期限；如果不同意，则应写明具体原因。最后由主管监狱长签字，注明日期，并加盖监狱机关的印章。

二、制作罪犯离监探亲审批表的注意事项

（1）罪名是指所有的罪名，包括原判决书中所认定的罪名、狱内又犯罪及余罪的罪名。

（2）刑期是指该犯实际具有的有期徒刑的刑期，包括原判死刑缓期二年执行或者无期徒刑后来减为有期徒刑的刑期。

（3）刑期起止是指该犯实际的有期徒刑的刑期起止。原判死刑缓期二年执行或者无期徒刑后来减为有期徒刑的，应当填写其减为有期徒刑后的刑期起止。

（4）剥夺政治权利是指与有期徒刑相适应的剥夺政治权利的情况。原判死刑缓期二年执行或者无期徒刑后来减为有期徒刑的，应当填写其减为有期徒刑

后与之相适应的剥夺政治权利的情况。

（5）离监探亲的对象仅限于父母、子女、配偶。

（6）对列为重点管理的罪犯离监探亲，必须报经省（自治区、直辖市）监狱管理局批准。

三、罪犯离监探亲审批表的实训材料

罪犯郑×平，男，1983 年 5 月 18 日出生，因犯受贿罪于 2008 年 8 月 3 日被判处无期徒刑，剥夺政治权利终身，同年 8 月 28 日送××省××监狱服刑。2010 年 10 月 20 日被减为有期徒刑 20 年，剥夺政治权利期限改为 8 年。此后，又减刑 4 次共计 4 年 3 个月。减刑后，刑期截止日期是 2026 年 7 月 19 日。服刑期间，郑×平遵守监规纪律，努力学习，积极劳动，有认罪悔罪表现，且一贯表现好，系宽管级罪犯。2022 年 2 月份分监区根据其改造表现，对其呈报离监探亲，郑×平探亲的对象是其妻子刘×玲，身份证号为××××××××××××0875，现经营一个体超市，住××省××县××路××花苑 8 幢 2 单元 702 室。

请你根据以上材料制作一份罪犯离监探亲审批表。

四、罪犯离监探亲审批表的实训练习

罪犯离监探亲审批表

姓名		性别		出生日期	年 月 日	罪名	
刑期		刑期起止	自 年 月 日 至 年 月 日			剥夺政治权利	
亲属基本情况	姓名		与罪犯关系		职业		政治面貌
	家庭住址						
	身份证号						

续表

离监探亲事由	
监区意见	（签字） 年　月　日
狱政科意见	（签字） 年　月　日
监狱意见	（签章） 年　月　日

【任务六】　罪犯离监探亲证明书

一、罪犯离监探亲证明书的制作方法

罪犯离监探亲证明书一纸两联，由正本和存根两联构成。

（一）正本

除标题外，正本需要填写的内容可以分文头、正文、文尾和附项 4 个部分。

（1）文头：文头即发文字号，由年份、机关代字、文书代字和序号组成，如"（2022）×监离证字第 1 号"。

（2）正文：正文包括罪犯的姓名、性别、年龄、批准离监探亲的期限 4 项内容。其填写的内容必须与罪犯离监探亲审批表中相应的内容保持一致。

（3）文尾：文尾注明成文日期，加盖监狱机关的印章。

（4）附项：附项包括探亲对象、（与罪犯的）关系和家庭住址 3 项内容。其填写的内容必须与罪犯离监探亲审批表中相应的内容保持一致。

（二）存根

除标题外，需要填写的内容包括发文字号、（罪犯）姓名、性别、罪名、家庭住址、（罪犯）家属姓名、与罪犯关系、批准期限、批准人、填发时间、填发人共 11 项内容。其填写的内容必须与罪犯离监探亲审批表中相应的内容保持一致。

另外，两联相连的骑缝处的发文字号中的年份和序号都应当使用汉字大写，但在内容上必须与标题下方的发文字号完全相同，同时应加盖监狱机关的印章。

二、制作罪犯离监探亲证明书的注意事项

（1）罪名是指所有的罪名，包括原判决书中所认定的罪名、狱内又犯罪的罪名及余罪的罪名。

（2）批准人：指批准离监探亲的主管监狱长。

（3）填发时间：指填发该执法文书的时间。

（4）离监探亲的罪犯返回监狱后，监狱应将罪犯离监探亲证明书收回，连同罪犯离监探亲审批表一并装入该罪犯的服刑档案。

三、罪犯离监探亲证明书的实训材料

罪犯郑×平，男，1983 年 5 月 18 日出生，因犯受贿罪于 2008 年 8 月 3 日被判处无期徒刑，剥夺政治权利终身，同年 8 月 28 日送××省××监狱服刑。

2010年10月20日被减为有期徒刑20年，剥夺政治权利期限改为8年。此后，又减刑4次共计4年3个月。减刑后，刑期截止日期是2026年7月19日。服刑期间，郑×平遵守监规纪律，努力学习，积极劳动，有认罪服法表现，且一贯表现好，系宽管级罪犯。2022年2月份分监区根据其改造表现，对其呈报离监探亲。后经监区审查、狱政科审核、监狱批准，同意其离监探亲7天（自2021年2月10日至2月16日）。郑×平探亲的对象是其妻子刘×玲，身份证号为×××××××××××××0875，现经营一个体超市，住××省××县××路××花苑8幢2单元702室。

请你根据以上材料制作一份离监探亲证明书。

四、罪犯离监探亲证明书的实训练习

罪犯离监探亲证明书

（　　）　　字第　　号

罪犯_____，男（女），_____岁，因服刑期间遵守监规纪律，积极劳动，表现较好，根据《中华人民共和国监狱法》第五十七条之规定，经监狱决定临时离监探亲，时间自_____年____月____日____时至____年____月____日____时止。

特此证明。

（公章）

年　月　日

探亲对象：_____
关　　系：_____
家庭住址：_____

罪犯离监探亲证明书

（存根）

（　　）字第　　号

罪　　犯：＿＿＿＿＿＿＿＿＿＿＿＿＿＿＿＿＿＿
性　　别：＿＿＿＿＿＿＿＿＿＿＿＿＿＿＿＿＿＿
罪　　名：＿＿＿＿＿＿＿＿＿＿＿＿＿＿＿＿＿＿
家庭住址：＿＿＿＿＿＿＿＿＿＿＿＿＿＿＿＿＿＿
家属姓名：＿＿＿＿＿＿＿＿＿＿＿＿＿＿＿＿＿＿
与罪犯关系：＿＿＿＿＿＿＿＿＿＿＿＿＿＿＿＿
批准期限：＿＿＿＿＿＿＿＿＿＿＿＿＿＿＿＿＿＿
批 准 人：＿＿＿＿＿＿＿＿＿＿＿＿＿＿＿＿＿＿
填发时间：＿＿＿＿＿年＿＿＿＿＿月＿＿＿＿＿日
填 发 人：＿＿＿＿＿＿＿＿＿＿＿＿＿＿＿＿＿＿

【任务七】　罪犯禁闭审批表

一、罪犯禁闭审批表的制作方法

罪犯禁闭审批表中除标题外，需要填写的内容可以分为表头和表腹两个部分。

（一）表头

表头包括单位和编号两项内容。

（1）单位：填写罪犯服刑所在监狱单位的名称，如"三监区二分监区"。

（2）编号：填写该审批表的编号。填写时可以采用年份加序号的方法，如"202215"。

（二）表腹

表腹由罪犯的基本情况、申请情况、批示意见、罪犯禁闭期间表现和解除禁闭情况 5 项内容组成。

1. 罪犯的基本情况

罪犯的基本情况包括罪犯的姓名、性别、出生日期、罪名、刑种、刑期、健康状况 7 个栏目。其中大部栏目都可以从罪犯服刑档案中查找。健康状况栏中应填写罪犯的实际身体状况，不能完全从罪犯收监身体检查表中转抄。

2. 申请情况

申请情况包括申请依据和申请期限两个栏目。

（1）申请依据：包含事实依据和法律依据两项内容。填写时，必须首先具体写明罪犯重新犯罪或破坏监管秩序、违犯监规纪律的事实，然后援引《中华人民共和国监狱法》第五十八条的相关款项作为法律依据。

（2）申请期限：由分监区负责人写明建议关押禁闭的具体天数，注明起止日期。最后分监区负责人签字并注明日期。

3. 批示意见

批示意见包括监区意见、主管科室意见和监狱意见 3 个栏目。

（1）监区意见：表明是否同意分监区意见。如果同意，则写明关押禁闭的具体天数；如果不同意，则应写明原因。然后由监区负责人签字并注明日期。

（2）主管科室意见：其填写方法与监区意见的填写方法相同。

（3）监狱意见：明确批示。如果同意，则写明关押禁闭的具体天数，注明起止日期；如果不同意，则应写原因。最后由主管监狱长签字，注明日期并加盖监狱机关的印章。

4. 罪犯禁闭期间表现

填写罪犯对所犯罪错的认识情况、罪犯的危险行为是否消除、罪犯能否接受教育等情况。最后提出是否解除禁闭的具体意见。

5. 解除禁闭情况

填写解除禁闭的具体时间，并由批准人和执行人分别签字，注明日期。

二、制作罪犯禁闭审批表的注意事项

（1）对罪犯关押禁闭，是给予罪犯的最高行政处罚，必须从严掌握。

（2）对于那些加戴戒具仍不能消除危险的罪犯，可以使用禁闭室加以严密防范。

（3）对于在狱内重新犯罪正在审理的、报处死刑等待批准的罪犯可以使用禁闭室。

（4）罪名中应填写罪犯所犯罪行的所有罪名，包括原判罪名、加刑的罪名及余罪的罪名。

（5）刑种有变化的，应分别填写原有和现有的刑种。

（6）刑期有变化的，应分别填写原有和现有的刑期。

（7）健康状况栏的填写不能从罪犯收监身体检查表中转抄，而应当写明罪犯的实际身体状况。

（8）建议在罪名、刑种、刑期、健康状况等栏目下增加刑期变动情况一栏。

（9）关押禁闭的时间，除死刑等待执行的罪犯外，一般为7天至10天，最长不超过15天。

（10）罪犯在关押禁闭期间，分监区要指定专人对其加强教育，并对其表现情况随时记录。

（11）解除禁闭情况中，当提前解除禁闭时，必须有批准人签字并注明日期。

（12）如果罪犯关押禁闭期间仍有不轨表现，符合法律规定需继续关押禁闭的，必须另行填写罪犯禁闭审批表，待批准后执行。

（13）如果遇到特殊情况，如发现罪犯行凶、逃跑等危险行为，经制止无效时，可先行关押禁闭，然后补办呈报审批手续。

三、罪犯禁闭审批表的实训材料

罪犯任×东，男，1994年5月16日出生，因抢劫罪于2017年5月13日被××市中级人民法院判处无期徒刑，2017年6月9日送××省××监狱三监区一分监区服刑。2020年12月该犯被××市中级人民法院裁定减为有期徒刑22年。2022年1月10日上午8时在车间劳动期间，罪犯质量员汪×国在对任×东制作的产品进行检验时，发现不合质量要求，遂要求其返工。任×东认为汪×国是有意和他过不去，刁难他，拒绝返工。汪×国对任×东说："你不愿意返工，那我只有汇报警官了。"任×东一听要汇报警官，顿时恼羞成怒，抡起拳头朝汪×国的头部击去，汪×国避让不及，脸部左额骨被击中，造成3厘米见方的肿块，并伴有皮下淤血。后被现场巡查的民警及时制止。任×东无视监规、公然打人的行为在罪犯中造成极其恶劣的影响，其行为已经符合禁闭的情形。

经分监区申请，该犯被禁闭15天（2022年1月10日至24日）。

　　该犯在禁闭期间，经干警教育，对自己的错误行为有了深刻的认识和反省，并写出了5份书面检查，表示愿意悔改，接受制裁。2022年1月24日，该犯被按期解除了禁闭。

　　请你根据以上材料制作一份罪犯禁闭审批表。

四、罪犯禁闭审批表的实训练习

罪犯禁闭审批表

单位：　　　　　　　　　　　　　　　　　　　　　　　　编号：

姓名		性别		出生日期	年　　月　　日		
罪名		刑种		刑期		健康状况	
申请依据							
申请期限							

（签字）
年　月　日

续表

监区意见	
	（签字） 年　月　日
主管科室意见	
	（签字） 年　月　日
监狱意见	
	（签章） 年　月　日

续表

罪犯禁闭期间表现	
解除禁闭情况	批准人：　　　　（签字）　　　　执行人：　　　　（签字） 　　　　年　月　日　　　　　　　　　　　年　月　日

【任务八】　使用戒具审批表

一、使用戒具审批表的制作方法

使用戒具审批表中除标题外，需要填写的内容可以分为表头和表腹两个部分。

（一）表头

表头包括单位和编号两项内容。其填写方法与罪犯禁闭审批表中相应内容的填写方法相同。

（二）表腹

表腹由罪犯的基本情况、申请情况、批示意见、罪犯加戴戒具期间的表现和解除戒具情况 5 项内容组成。

1. 罪犯的基本情况

罪犯的基本情况包括罪犯的姓名、性别、出生日期、罪名、刑种、刑期、健康状况7个栏目。其中大部分栏目都可以从罪犯服刑档案中查找，其填写方法与罪犯禁闭审批表中相应栏目的填写方法相同。

2. 申请情况

申请情况包括申请依据和申请期限两个栏目。

（1）申请依据：包含事实依据和法律依据两项内容。填写时，必须首先具体写明罪犯实施行为的时间、地点、手段、动机、目的和危害后果，然后援引《中华人民共和国监狱法》第四十五条的相关款项，同时应提出加戴戒具的具体建议。

（2）申请期限：由分监区负责人写明建议加戴戒具的具体名称（手铐或者脚镣）和天数，注明起止日期。最后由分监区主要负责人签字并注明日期。

3. 批示意见、

批示意见包括监区意见、主管科室意见和监狱意见3个栏目。其填写方法与罪犯禁闭审批表相应栏目的填写方法相同。

4. 罪犯加戴戒具期间的表现

填写罪犯对所犯错误的认识情况、罪犯的危险行为是否消除、罪犯能否接受教育等情况。最后提出是否解除戒具的具体意见。

5. 解除戒具情况

填写解除戒具的具体时间，同时由批准人和执行人分别签字，注明日期。

二、制作使用戒具审批表的注意事项

（1）罪名中应填写罪犯所犯罪行的所有罪名，包括原判罪名、加刑的罪名及余罪的罪名。

（2）刑种有变化的，应分别填写原有和现有的刑种。

（3）刑期有变化的，应分别填写原有和现有的刑期。

（4）建议在罪名、刑种、刑期、健康状况等栏目下增加刑期变动情况一栏。

（5）对于判处死刑等待执行的罪犯可以同时使用手铐和脚镣。

（6）由于法律对使用戒具的期限只做了原则性规定，即情形消失后，应当停止使用戒具。所以，使用戒具的期限应当根据不同的适用情形慎重确定。

（7）罪犯在戴戒具期间，分监区要指定专人对其加强教育，同时应对其表现情况随时记录。

（8）解除戒具情况中，当提前解除戒具时，必须有批准人签字并注明日期。

（9）如果加戴戒具期间仍有不轨表现，符合法律规定需继续加戴戒具的，必须另行填写使用戒具审批表，待批准后执行。

（10）如果遇到特殊情况，如发现罪犯行凶、逃跑等危险行为，经制止无效时，可先行加戴戒具，然后补办呈报审批手续。

三、使用戒具审批表的实训材料

罪犯尚×武，男，1989年7月16日出生，因贩卖毒品罪于2009年5月15日被××市中级人民法院判处无期徒刑，剥夺政治权利终身。同年6月11日被送至××省××监狱六监区三分监区服刑。2012年8月17日被××市中级人民法院减为有期徒刑20年，后又减刑3次共减刑3年，健康状况良好。2022年2月18日傍晚，尚×武与同组罪犯魏×瑞因饮用水问题发生争吵，魏×瑞打了尚×武一拳。事后，尚×武越想越窝囊，发誓要报复。2月19日上午出工后约8时许，尚×武从车间找来一根木棍，直奔魏×瑞劳动的岗位，从背后抡起木棍向毫无防备的魏×瑞的头上打去，魏×瑞应声倒地，头部顿时起包出血。尚×武意欲继续殴打魏×瑞，木棍被周围其他罪犯夺下。尚×武怒气未消，声称要打死魏×瑞，暴力倾向明显。经分监区申请并获批准对尚×武使用手铐3天，制止其行凶报复行为。

尚犯在戴戒具期间，经民警教育，对自己的错误有了深刻的认识和反省，表示愿意接受教育和处理，并写出了书面检查和保证书。后分监区按期对该犯解除了手铐。

请你根据以上材料制作一份使用戒具审批表。

四、使用戒具审批表的实训练习

使用戒具审批表

单位：　　　　　　　　　　　　　　　　　　　　　　编号：

姓名		性别		出生日期	年　月　日	
罪名		刑种		刑期	健康状况	
申请依据						
申请期限					（签字） 年　月　日	
监区意见					（签字） 年　月　日	

续表

主管科室意见	（签字） 年　月　日
监狱意见	（签章） 年　月　日
罪犯加戴戒具期间的表现	
解除戒具情况	批准人：　　　　（签字）　　　执行人：　　　　（签字） 　　　　　年　月　日　　　　　　　　　　年　月　日

单元五　参考答案

单元六

罪犯死亡处理类执法文书

【任务一】 罪犯病危通知书

一、罪犯病危通知书的制作方法

罪犯病危通知书一纸两联，由正本和存根组成。

（一）正本

除标题外，正本需要填写的内容包括发文字号、家属姓名、罪犯姓名、病因、地址、填发日期及监狱印章 7 项内容。其中部分内容可以从罪犯服刑档案中查找。

（1）病因：填写"患××病""工负伤"或其他变故。
（2）地址：填写监狱的详细地址，应详细到监狱所在地的市、县、乡（镇）。

（二）存根

除标题外，存根需要填写的内容包括发文字号、罪犯姓名、家属姓名、家庭地址、填发人、填发时间 6 项内容。这些内容都可以从罪犯服刑档案中查找，最后由填发人签字并注明填发时间。

另外，两联相连的骑缝处的发文字号中的年份和序号都应当使用汉字大写，但在内容上必须与标题下方的发文字号完全相同，同时应加盖监狱机关的印章。

二、制作罪犯病危通知书的注意事项

（1）该执法文书的发文字号中的文书代字不能用"通"字，而应当使用"病危通"字，如"（2022）×监病危通字第 1 号"。
（2）正本中的家属姓名的后面可以根据罪犯家属的不同身份使用不同的称呼，如"同志""先生""女士"等。

三、罪犯病危通知书的实训材料

罪犯胡×诚，男，1984 年 3 月 25 日出生，因盗窃罪于 2015 年 11 月 24 日被××省××县人民法院判处有期徒刑 15 年，同年 12 月 20 日被送至位于××省

××市××路128号的××省××监狱一监区二分监区服刑。2022年春节之后，该犯感到身体不适，经省级医院确诊，该犯患肝癌，病情已经恶化，近期确有生命危险。2022年3月6日，监狱决定将该犯病危的消息通知其父亲胡×权，其父亲的家庭住址是××市××区××花苑4幢3单元506室。

请你根据以上材料制作一份罪犯病危通知书。

四、罪犯病危通知书的实训练习

罪犯病危通知书

（　）字第　号

_____：

　　罪犯_____因_____，目前病情严重，请即来看望。

　　地址：_____

_____。

　　特此通知。

（公章）

年　　月　　日

罪犯病危通知书

（存根）

（　）字第　号

罪犯姓名：_____
家属姓名：_____
家庭住址：_____
填　发　人：_____
填发时间：　　年　　月　　日

说明："因_____"处填写"患××病""工负伤"或其他变故。

【任务二】 罪犯死亡通知书

一、罪犯死亡通知书的制作方法

罪犯死亡通知书一纸五联，由正本（三联）、回执和存根组成。

（一）正本

正本共有三联。其中第一联和第二联中需要填写的内容基本一致，包括发文字号、通知单位、罪犯的姓名、服刑场所、死亡原因、死亡时间、填发日期及监狱印章8项内容。其中部分内容可以从罪犯死因鉴定书中转抄。

（1）通知单位：分别填写通知书送达的人民检察院、人民法院的名称。

（2）服刑场所：填写监狱或未成年犯管教所的简称，即"狱"或者"所"。

第三联是通知罪犯家属的，其应填写的内容包括发文字号、家属姓名、死亡原因、死亡时间、地址、填发日期及监狱印章7项内容。其中部分内容可以从第一联和第二联中转抄，地址是指监狱或未成年犯管教所所在的具体位置。

（二）回执

回执由罪犯家属填写通知书的发文字号，然后签字并注明日期，之后寄回发函单位。

（三）存根

存根需要填写的内容包括发文字号、罪犯的姓名、性别、出生日期、罪名、刑期、入监时间、死亡时间、死亡原因、罪犯家属姓名、发往的人民法院和人民检察院的名称、通知发出时间、填发人、批准人及填发日期15项内容。这些内容都可以从罪犯服刑档案和该执法文书的正本中转抄。

另外，五联相连的骑缝处（共有4处）的发文字号中的年份和序号都应当使用汉字大写，但在内容上必须与标题下方的发文字号完全相同，同时应加盖制作单位的印章。

二、制作罪犯死亡通知书的注意事项

（1）发文字号中的文书代字不能仅用"通"字，而应当使用"亡通"字，如"（2022）×监亡通字第 1 号"。

（2）人民检察院填写驻监检察机关的名称。

（3）人民法院填写原判决机关的名称。

三、罪犯死亡通知书的实训材料

罪犯朱×皓，男，1963 年 6 月 26 日出生，因诈骗罪于 2014 年 8 月 11 日被××市××区人民法院判处有期徒刑 15 年，同年 9 月 5 日被送至位于××省××市××区××路 246 号的××省××监狱四监区二分监区服刑。朱×皓因急性脑梗死，经监狱医院抢救无效，于 2022 年 2 月 17 日 8 时 21 分死亡，监狱决定将罪犯朱×皓死亡的情况告知其妻子高×芬，其妻的家庭住址是××省××市××区紫薇花园 15 幢 3 单元 1901 室。

请你根据以上材料制作一份罪犯死亡通知书。

四、罪犯死亡通知书的实训练习

罪犯死亡通知书

（　　）　　字第　　号

_____人民检察院：

罪犯_____在我_____服刑期间，因_____于_____年_____月_____日_____时死亡。

特此通知。

（公章）

年　月　日　时

罪犯死亡通知书

（　）　　字第　号

_____人民法院：

罪犯_____在我_____服刑期间，因_____于_____年_____月_____日_____时死亡。

特此通知。

（公章）

年　月　日　时

罪犯死亡通知书

（　）　　字第　号

_____：

罪犯_____在服刑期间，因_____于_____年_____月_____日_____时死亡，请即来处理后事。如不能前来，请速告，我们将依法予以处理。

地址：_____

特此通知。

（公章）

年　月　日　时

罪犯死亡通知书

（回执）

（　　）　　字第　　号罪犯死亡通知我已收到。

家属：_____
（签字）

年　　月　　日　　时

注：请将此回执寄回发函单位。

罪犯死亡通知书

（存根）

（　　）　　字第　　号

罪犯姓名：_____
性　　别：_____
出生日期：_____年_____月_____日
罪　　名：_____
刑　　期：_____
入监时间：_____
死亡原因：_____
罪犯家属姓名：_____
发　　往：_____人民法院
　　　　　_____人民检察院
通知发出时间：_____
填发人：_____
批准人：_____
填发日期：_____年_____月_____日

单元六　参考答案

单元七

监狱安全检查类执法文书

【任务一】 消除隐患通知书

一、消除隐患通知书的制作方法

消除隐患通知书一纸三联，由正本、报告书和存根构成。

（一）正本

正本是送达存在隐患的基层监狱的通知书。除标题外，需要填写的内容可以分为文头、正文和文尾 3 个部分。

1. 文头

文头由发文字号和被通知单位组成。

（1）发文字号：包括年份、机关代字、文书代字和序号 4 项内容。

（2）被通知单位：顶格填写被通知单位的名称，即存在隐患的基层监狱的名称。

2. 正文

正文包括发现隐患的时间、存在的隐患和上报的时间 3 项内容。

（1）发现隐患的时间：填写通知单位发现隐患的具体时间。

（2）存在的隐患：应写明存在隐患的事实、影响、可能产生的危害、要求事项及消除意见。

（3）上报的时间：填写要求存在隐患的基层监狱消除隐患后上报的时限。

3. 文尾

文尾注明成文日期并加盖通知单位的印章。

（二）报告书

报告书由被通知的基层监狱填写后报上级机关。除标题外，需要填写的内容可以分为文头、正文和文尾 3 个部分。

1. 文头

文头顶格填写通知单位的名称。

2. 正文

正文包括通知书的发文字号、收到通知书的时间、消除隐患的结果 3 项内容。其中前两项可以从消除隐患通知书中转抄。填写消除隐患的结果时，应着重写明消除隐患的时间、措施、结果等。

3. 文尾

文尾包括执行负责人、成文日期及基层监狱印章 3 项内容。填写时，由执行负责人签名，注明成文日期并加盖基层监狱的印章。

（三）存根

存根由通知单位存档备查。除标题外，需要填写的内容包括发文字号、被通知单位、通知时间、批准人、填写人、通知的问题及建议 6 项内容。其中大部分内容可以从消除隐患通知书中转抄。其中通知的问题及建议，应简要写明基层监狱存在的隐患和消除隐患的建设性意见。

另外，三联相连的骑缝处（共有两处）的发文字号中的年份和序号都应当使用汉字大写，但在内容上必须与标题下方的发文字号完全相同，并加盖监狱机关的印章。

二、制作消除隐患通知书的注意事项

（1）该执法文书的发文字号中的文书代字不能仅用"通"字，而应当使用"消通"字，如"（2022）×监消通字第 1 号"。

（2）正本中指出的隐患必须明确、具体。

（3）报告书中消除隐患的结果必须措施得力，结果真实。

（4）存根中的建议必须切实可行，同时具有指导性意义。

三、消除隐患通知书的实训材料

2022 年 2 月 8 日，××省监狱管理局在对××监狱的工作检查中，发现该监狱存在以下监管隐患：二监区存有易燃易爆物品的仓库由罪犯看管；五监区的生产区围墙附近违章搭有两处堆放建筑材料的工棚，内放置毛竹等攀高物品。这些现象对监管安全构成潜在的危险，监狱管理局于当日对该监狱发出了消除隐患通知书，要求在7日内整改。

××监狱督促二监区将存有易燃易爆物品的仓库交由本监狱工人看管；五监区的生产区围墙附近违章搭的两处堆放建筑材料的工棚已撤除，内放置的毛竹等攀高物品已全部搬移至仓库，存在的潜在危险已消除。该监狱于2022年2月14日向省监狱管理局提交了消除隐患报告书。

请你根据以上材料制作一份消除隐患通知书。

四、消除隐患通知书的实训练习

消除隐患通知书

（　　）　　字第　　号

_____：

经　　月　　日检查，发现你单位监管工作存在如下隐患：

_____

_____

_____

请你们尽快采取措施予以消除，并将结果于　　年　　月　　日上报。

（公章）

年　　月　　日

注：本联由通知单位填写。

消除隐患报告书

＿＿＿＿＿＿：
（　　）　　　字第　　号通知书已于＿＿＿年＿＿月＿＿日收到，现将结果报告如下：

＿＿＿＿＿＿＿＿＿＿＿＿＿＿＿＿＿＿＿＿＿＿＿＿＿＿＿＿＿＿＿＿
＿＿＿＿＿＿＿＿＿＿＿＿＿＿＿＿＿＿＿＿＿＿＿＿＿＿＿＿＿＿＿＿

执行负责人：＿＿＿＿＿＿

（公章）
年　　月　　日

＿＿＿＿＿＿＿＿＿＿＿＿＿＿＿＿＿＿＿＿＿＿＿＿＿＿＿＿＿＿＿＿

注：本联由被通知单位填写。

消除隐患通知书

（存根）

（　　）　　字第　　号

被通知单位：＿＿＿＿＿＿＿＿＿＿＿＿＿＿＿＿＿＿＿＿＿
通知时间：＿＿＿＿＿＿＿＿＿＿＿＿＿＿＿＿＿＿＿＿＿＿
批　准　人：＿＿＿＿＿＿＿＿＿＿＿＿＿＿＿＿＿＿＿＿＿＿
填　写　人：＿＿＿＿＿＿＿＿＿＿＿＿＿＿＿＿＿＿＿＿＿＿
通知的问题及建议：＿＿＿＿＿＿＿＿＿＿＿＿＿＿＿＿＿＿
＿＿＿＿＿＿＿＿＿＿＿＿＿＿＿＿＿＿＿＿＿＿＿＿＿＿＿＿＿
＿＿＿＿＿＿＿＿＿＿＿＿＿＿＿＿＿＿＿＿＿＿＿＿＿＿＿＿。

【任务二】 纠正违规通知书

一、纠正违规通知书的制作方法

纠正违规通知书一纸三联，由正本、报告书和存根组成。

（一）正本

正本是送达存在违规现象的基层监狱的通知书。除标题外，需要填写的内容可以分为文头、正文和文尾3个部分。

1. 文头

文头由发文字号和被通知单位组成。其填写方法与消除隐患通知书相同。

2. 正文

正文包括发现违规现象的时间、存在的违规现象、法律法规及整改后上报的时间4项内容。

（1）发现违规现象的时间：填写通知单位发现基层监狱存在的违规现象的具体时间。

（2）存在的违规现象：写明存在违规现象的具体事实。

（3）法律法规：填写基层监狱存在的违规现象不符合哪些法律和法规的规定。

（4）整改后上报的时间：填写要求存在违规现象的基层监狱在纠正违规后上报的时限。

3. 文尾

文尾注明成文日期并加盖通知单位的印章。

（二）报告书

报告书由被通知的基层监狱填写后报上级机关。除标题外，需要填写的内容可以分为文头、正文和文尾3个部分。

1. 文头

文头填写通知单位的名称。

2. 正文

正文包括通知书的发文字号、收到通知书的时间、纠正违规情况 3 项内容。其中前两项可以从纠正违规通知书中转抄，填写纠正违规情况时，应着重写明违规的具体内容及对违规情况的处理结果等。

3. 文尾

文尾包括执行负责人、成文日期及基层监狱印章 3 项内容。填写时，由执行负责人签名，注明成文日期并加盖基层监狱的印章。

（三）存根

存根由通知单位存档备查。除标题外，需要填写的内容包括发文字号、被通知单位、通知时间、批准人、填写人、纠正违规内容 6 项内容。其中大部分内容可以从纠正违规通知书中转抄。其中纠正违规内容，应具体写明基层监狱存在的违规现象。

另外，三联相连的骑缝处（共有两处）的发文字号中的年份和序号都应当使用汉字大写，但在内容上必须与标题下方的发文字号完全相同，同时应加盖通知单位的印章。

二、制作纠正违规通知书的注意事项

（1）该文书的发文字号中的文书代字不能仅用"通"字，而应当使用"纠通"字，如"（2022）×监纠通字第 1 号"。

（2）正本中指出的违规现象必须明确、具体。

（3）报告书中纠正违规情况必须措施得力，结果真实。

三、纠正违规通知书的实训材料

××省监狱管理局 2022 年 3 月 16 日在对××监狱的检查中，发现该监狱存在以下问题：个别监区为追求监区经济效益，经常组织罪犯加班劳动；个别民警违规使用警棍。这些问题严重违反了监狱工作的有关规定，监狱管理局于当日对该监狱发出了纠正违规通知书，要求在5日内整改。

××监狱针对工作中存在的问题，已责令有关基层立即纠正，并对相关监区负责人及当事民警进行了严肃处理，同时召开了全监民警大会，以此教育广大民警必须严格按照法律的规定进行劳动和执法。之后由执行负责人孟×江同志向省监狱管理局提交了纠正违规报告书。

请你根据以上材料制作一份纠正违规通知书。

四、纠正违规通知书的实训练习

纠正违规通知书

（　　）字第　　号

_____：

经　　月　　日检查，发现你单位工作中存在_____

_____

_____

_____

_____问题，

不符合_____的规定。

请你们予以纠正，并将情况于　　年　　月　　日前上报。

（公章）

年　月　日

注：本联由通知单位填写。

纠正违规报告书

_____：
　　（　　）_____字第____号通知书已于____年__月__日收到，现将纠正违规情况报告如下：
_____
_____
　　执行负责人：_____

　　　　　　　　　　　　　　　　　　　　　　（公章）
　　　　　　　　　　　　　　　　　　　　年　　月　　日

_____
注：本联由被通知单位填写。

纠正违规通知书

（存根）

（　　）　　字第　　号

被通知单位：_____
通知时间：_____
批 准 人：_____
填 写 人：_____
纠正违规内容：_____
_____
_____。

单元七　参考答案

单元八

狱内耳目使用管理类执法文书

【任务一】 建立耳目审批表

一、建立耳目审批表的制作方法

建立耳目审批表中除标题外，需要填写的内容可以分为表头和表腹两个部分。

（一）表头

包括监区和编号两项内容。

（1）监区：填写罪犯所在的监区。

（2）编号：填写该审批表当年的序号。可以采用年份加序号的方式，如"202215"。

（二）表腹

表腹由罪犯的基本情况、使用范围、物建人意见、审核意见、批示、备注组成。

1. 罪犯的基本情况

罪犯的基本情况包括代号、姓名、别名、性别、民族、出生日期、文化程度、罪名、刑种、刑期（原、现）、刑期起止、原工作单位原职务、家庭住址、参加过何种党派或团体及所任职务、简历、主要罪行、家庭成员及主要社会关系、改造表现、奖惩情况、活动能力20项内容。其中大部分栏目都可以从罪犯服刑档案中查找。

（1）改造表现：主要填写罪犯服刑期间的表现。填写时应从以下几个方面进行：能真诚认罪服法，彻底交代罪行；能积极靠拢政府，接受教育改造；能接近被侦查对象，有一定活动能力和观察识别能力；能严格保守秘密，如实反映情况。

（2）奖惩情况：详细写明罪犯在服刑期间历次受到行政奖励或行政惩处的时间、原因和种类，以及刑事奖励或刑事处罚。

（3）活动能力：主要填写罪犯在不固定的情况下，为达到某种目的而采取的行动的能力或能胜任某项任务的主观条件，或能按预定的目标完成任务的能力。

2. 使用范围

使用范围主要填写属于哪一类的耳目，如专案耳目、控制耳目、情报耳目、内线耳目等。

3. 物建人意见

物建人填写时应明确提出物色、建立耳目的依据、理由，然后签字并注明日期。

4. 审核意见

监区或监狱主管狱内侦查的部门领导填写是否同意使用的意见，然后签字并注明日期。

5. 批示

由监狱主管狱内侦查的领导填写同意与否的明确批示，然后签字，注明日期。

6. 备注

备注填写需要注解说明的内容。如果没有，则填写"无"字或画斜线。

二、制作建立耳目审批表的注意事项

（1）代号是指物建的耳目的代号。

（2）文化程度有变化的，可以采用"原"或"现"的形式填写。

（3）罪名应填写罪犯所犯罪行的所有罪名，包括原判罪名、加刑的罪名及余罪的罪名。

（4）刑种栏应填写物建耳目实际具有的刑种。

（5）刑期起止应填写现有刑期的起止。

（6）罪犯在服刑期间，家庭住址如果发生变迁的，应填写变迁后的家庭住址。

（7）填写简历时，除填写罪犯的学历和捕前的工作简历外，还应写明罪犯的服刑简历，包括曾受过何种行政或刑事处罚。

（8）填写奖惩情况时，如果该犯获得的行政奖励已被用于刑事奖励，则行政奖励可以不填写。

三、建立耳目审批表的实训材料①

罪犯曹×旺，男，大专学历，××省××县人，汉族，1987年9月4日出生，家住××省××县××小区4幢1单元402室。1994年9月至1999年7月在××县××小学读书；2000年9月至2003年7月在××县××中学读书；2003年9月至2006年7月在××专科学校读书；2006年8月进入××县××运输有限公司任驾驶员。其父曹×刚，62岁，××县××运输有限公司退休职工；其母肖×兰，60岁，××县××运输有限公司退休职工；其姑夫汪×银，63岁，××县交通局退休干部；其姑母宫×惠，61岁，××县××小学退休教师。

2011年11月14日中午1时许，曹×旺前往被害人孟×良家索要欠款，孟×良不但不还欠款，还独自到房间去睡午觉。曹×旺恼羞成怒，操起孟×良家茶几上的水果刀便向孟×良捅去，孟×良欲爬起来搏斗，被曹×旺按在床上。曹×旺持刀往孟×良的头、胸、腹等部位连捅数刀，致孟×良当场死亡。后曹×旺前往公安机关投案自首。

2012年4月16日，曹×旺因故意杀人罪经××省××市中级人民法院以（2012）×法刑初字第156号刑事判决书判处死刑缓期二年执行，附加剥夺政治权利终身。2012年5月11日送××省××监狱，后被分配在五监区一分监区服刑。2014年4月15日死刑缓期二年执行减为无期徒刑，附加剥夺政治权利终身；2018年9月12日由无期徒刑减为有期徒刑20年，剥夺政治权利期限改为10年；2021年11月21日因确有悔改表现被裁定减刑1年。

该犯自入监以来能认罪悔罪，彻底交代所犯罪行，服从管理教育；能积极靠拢政府，严格遵守法律法规及监规，真诚接受改造，已先后向政府提供可靠情报3起，并能保守秘密。2020年度、2021年度两次被评为监狱级改造积极分子。

该监狱四监区一分监区狱侦民警巩×平经对该犯近1年的考察培养，认为该犯文化程度较高，能言善辩，处理事情果断，在罪犯中有一定的威信，能接触大多数的罪犯，且应变能力较强，有一定的组织能力，容易接近侦查对象。按照特色耳目的审批程序，巩×平将曹×旺确立为分监区控制耳目，代号303，于2022年4月18日提请监狱批准。

---

① 编者注：本材料为内部资料，注意保密。

请你根据以上材料制作一份建立耳目审批表。

四、建立耳目审批表的实训练习

建立耳目审批表

监区：　　　　　　　　　　　　　　　　　　　　　　　编号：

代号		姓名		别名		性别		民族	
出生日期		文化程度		罪名					
刑种		刑期	原： 现：	刑期起止		自　　年　　月　　日 至　　年　　月　　日			
原工作单位原职务									
家庭住址									
参加过何种党派、团体及所任职务									
简历									

续表

主要罪行	
家庭成员及主要社会关系	
改造表现	
奖惩情况	
活动能力	

续表

使用范围	
物建人意见	物建人＿＿＿＿（签字） 年　月　日
审核意见	（签字） 年　月　日
批示	（签字） 年　月　日
备注	

【任务二】 撤销耳目报告表

一、撤销耳目报告表的制作方法

撤销耳目报告表中除标题外，需要填写的内容可以分为表头和表腹两个部分。

（一）表头

表头包括监区和编号两项内容。

（1）监区：填写罪犯所在的监区。

（2）编号：填写该报告表的编号。可以采用年份加序号的方式，如"20211"。

（二）表腹

表腹由罪犯的基本情况、撤销耳目理由、领导意见和备注组成。

（1）罪犯的基本情况：包括罪犯的姓名、代号、性别、出生日期、罪名、刑期、建立耳目时间7项内容。这些栏目都可以从建立耳目审批表中转抄。

（2）撤销耳目理由：掌握使用人在填写时应实事求是地写明撤销的具体理由，然后签字并注明日期。

（3）领导意见：由作出批示的监狱主管狱内侦查工作的领导签署是否同意撤销耳目的意见，然后签字并注明日期。

（4）备注：与建立耳目审批表的填写方法相同。

二、制作撤销耳目报告表的注意事项

（1）监区、编号及罪犯的基本情况必须与建立耳目审批表中的内容保持一致。

（2）撤销耳目理由必须简明、扼要、充分。

三、撤销耳目报告表的实训材料[①]

罪犯田×斌,男,1982年11月4日出生,因故意伤害罪被判处有期徒刑15年,服刑期间被减刑1年6个月,减刑后,刑期截止日期为2024年6月21日。2020年9月15日,田×斌被二监区三分监区建立为控制耳目,代号915,狱侦民警彭×明为掌握使用人。田×斌在刚担任耳目的1年内,尚能努力工作,经常提供一些有价值的材料。2021年10月份以来,随着余刑的减少,其对耳目工作表现消极,连续3个月没有提供任何材料。据反映,田×斌平时经常流露不愿再反映情况、安全服满余刑的念头。鉴于上述情况,该犯对耳目工作既没有愿望又没有行动,已丧失担任耳目的基本条件。2022年4月7日,彭×明决定不再将田×斌列为耳目,并按规定向监狱提请撤销耳目报告表。

请你根据所给材料制作一份撤销耳目报告表。

四、撤销耳目报告表的实训练习

撤销耳目报告表

监区:　　　　　　　　　　　　　　　　　　　　　　　　编号:

姓名		代号		性别		出生日期	年　月　日
罪名		刑期				建立耳目时间	年　月　日
撤销耳目理由							

掌握使用人＿＿＿＿＿＿＿(签名)

　　　　　　　年　月　日

[①] 编者注:本材料为内部资料,注意保密。

续表

领导意见	（签字） 年　月　日
备注	

单元八　参考答案

单元九

罪犯脱逃类执法文书

【任务一】 罪犯脱逃登记表

一、罪犯脱逃登记表的制作方法

罪犯脱逃登记表中除标题外,需要填写的内容可以分为表头和表腹两个部分。

(一)表头

表头包括单位和罪犯编号两项内容。

(1)单位:单位填写发生罪犯脱逃案件的监狱名称。填写时,应当注明监狱所在的省(自治区、直辖市),如"××省××监狱"。

(2)罪犯编号:填写的内容应与罪犯入监登记表中的(罪犯)编号保持一致。

(二)表腹

表腹由罪犯的基本情况、主要社会关系、脱逃经过、脱逃去向分析、采取的措施、意见及备注7项内容组成。

1. 罪犯的基本情况

罪犯的基本情况包括罪犯的姓名、别名、性别、民族、出生日期、判决机关、罪名、刑种、原判刑期、剩余刑期、体貌特征、家庭住址、户籍所在地13个栏目。其中大部分栏目都可以从罪犯服刑档案中查找。在此,着重说明体貌特征的填写。

体貌特征包含身高、脸型、口音、穿着、特征5个方面。

(1)身高:根据脱逃罪犯的实际身高,采用公制单位填写。

(2)脸型:采用通俗的语言描述脱逃罪犯脸部的长相和形状。

(3)口音:写明脱逃罪犯的习惯口音或者基本口音,同时应注明脱逃罪犯能够使用的其他口音。

(4)穿着:从头到脚、从外到内写明罪犯脱逃时穿戴的帽、衣、裤、鞋等的品名、色泽、质料、款式、新旧程度等。

(5) 特征：包含静态特征、动态特征和特别记号。

① 静态特征：写明脱逃罪犯的颅型、脸型、四肢、身体高矮胖瘦等情况。

② 动态特征：写明脱逃罪犯身体的某种器官在执行机能时所表现出的特点。

③ 特别记号：写明脱逃罪犯身体上的异常和机能上的缺陷。

2. 主要社会关系

依次写明罪犯的直系亲属及与罪犯关系密切的朋友的姓名、（与罪犯的）关系、职业、住址。

3. 脱逃经过

写明罪犯脱离监控的确切时间、地点，采取的方式、手段，借助的工具，得到的帮助，携带的物品，拒捕情况，以及发现情况、脱逃的原因等。

4. 脱逃去向分析

一般从如下几个方面对罪犯的脱逃去向进行分析：

（1）从脱逃罪犯原犯罪性质、惯用作案手段分析其可能活动的场所。

（2）从脱逃罪犯平时的改造表现、异常变化分析脱逃原因。

（3）从脱逃罪犯社会关系交往的疏密程度、通信及会见情况、个人经历、自身条件、特长等方面分析罪犯可能藏身的处所。

（4）从脱逃罪犯服刑场所的地理位置、外部环境、可能利用的交通工具等分析其逃窜方向的远近。

5. 采取的措施

由监区负责人填写发生脱逃事故后所采取的应急措施、追捕措施及防范措施等。

6. 意见

意见包括科室意见和监狱意见两个栏目。

（1）科室意见：由狱政科负责人提出追捕意见，然后签字并注明日期。

（2）监狱意见：由监狱主管领导签署意见，然后签字，注明日期并加盖监狱机关的印章。

7. 备注

备注填写需要特别说明的情况。如果没有，则填写"无"字或画斜线。

二、制作罪犯脱逃登记表的注意事项

（1）判决机关应填写原判决机关的名称。

（2）罪名应填写原判决的罪名。

（3）刑种应填写原判决的刑种。

（4）脱逃罪犯在服刑期间，如果其家庭住址变迁的，则应填写变迁后的住址。

（5）户籍所在地即前面所讲到的原户籍所在地，指罪犯捕前户口登记所在地。但是，对于罪犯的家庭住址发生变迁的，此处则应填写住址变迁后罪犯的家庭成员的户籍所在地。

（6）填写主要社会关系时，不能简单照抄罪犯入监登记表中的家庭成员及主要社会关系栏内的内容，而应当根据脱逃罪犯服刑期间其直系亲属变化情况及其在会见、通信往来中新出现的社会关系情况来填写。

（7）罪犯脱逃登记表应一式两份，一份留存监狱，一份报送省（自治区、直辖市）监狱管理局。

三、罪犯脱逃登记表的实训材料

2022年4月2日上午8时20分，罪犯张×苍（因运输毒品罪于2021年10月25日被××省××市中级人民法院判处无期徒刑，剥夺政治权利终身，2022年1月18日被送至××省××监狱七监区服刑，其罪犯编号为××××042756）擅离服装加工车间，趁驾驶员下车等候装货之机，强行驾驶一辆130型福田牌货车，冲破监狱隔离网和施工用的临时栅栏门后脱逃。

脱逃案件发生后，××省××监狱立即启动应急预案，及时向省监狱管理局、省司法厅、省委政法委和司法部做了汇报，并及时派出追捕小组，同时协调公安机关发出协查通报和协查函。此外，监狱也召开了紧急会议，通报了情况，检查了"互监"制度的落实情况，对全监区的危险分子进行了一次摸底，对当前监管安全和其他工作进行了部署。

监狱通过与张犯身边的其他罪犯处了解到，张犯从小就受到其舅舅的宠爱，与舅舅有很深的感情。且张犯的舅舅居住在××5A级景区附近，外来旅游人员较多，极易躲藏。张犯的姐姐非常疼爱他，从小就护着他。其姐姐家离张犯家距离较远，且在山区，地域偏僻，路途艰险。张犯脱逃时，外穿条纹棉囚服，内穿黑色秋衣，脚穿43码解放鞋。

4月3日14时，××省公安厅发布A级通缉令悬赏10万元追捕该犯，通缉令显示，犯罪嫌疑人张×苍，男，汉族，1994年6月28日出生，高中文化，××省××县人，身份证号××××××19940628××××。户籍地址××省××县××镇××村67号。体貌特征：身高1.84米，体型中等，光头，方脸，后背有一约10厘米的烫伤疤。

请你根据所给材料制作一份罪犯脱逃登记表。

四、罪犯脱逃登记表的实训练习

罪犯脱逃登记表

单位： 罪犯编号：

姓名			别名		相片
性别		民族	出生日期		
判决机关			罪名		
刑种		原判刑期		剩余刑期	
体貌特征	身高： 脸型： 口音：				
	穿着：				
	特征：				
家庭住址			户籍所在地		

续表

	姓名	关系	职业	住址
主要社会关系				

脱逃经过	
脱逃去向分析	
采取的措施	

续表

科室意见	(签字) 年　月　日
监狱意见	(签章) 年　月　日
备注	

说明：本表一式二份。

【任务二】 在押罪犯脱逃通知书

一、在押罪犯脱逃通知书的制作方法

在押罪犯脱逃通知书是一纸三联，由正本、回执和存根组成。

（一）正本

正本是分别致送监狱所在地、脱逃罪犯户口所在地、罪犯原判人民法院所在地，以及罪犯（可能）脱逃去向所在地的公安机关。除标题外，需要填写的内容包括发文字号、致送机关、罪犯的姓名、性别、出生日期、罪名、刑种、刑期、刑期起止、脱逃时间、脱逃地点、填发时间及监狱印章13项内容。其中大部分内容都可以从罪犯服刑档案和罪犯脱逃登记表中查找。其中致送机关应分别填写以上公安机关的名称。

（二）回执

回执由上述收文单位填写。除标题外，需要填写的内容包括发函单位的名称、通知书的发文字号、收函时间、收函单位的名称及回函日期。

（三）存根

存根由发文单位留档备查。除标题外，需要填写的内容包括发文字号、罪犯的姓名、性别、出生日期、罪名、刑种、刑期、刑期起止、关押监区、脱逃时间、脱逃地点、已通知机关、填发时间、审核人、填发人15项内容。其中部分内容应与正本中的内容保持一致。

（1）关押监区：填写罪犯脱逃前被关押的监区的名称。

（2）已通知机关：填写正本中致送机关的名称。

另外，三联相连的骑缝处（共两处）的发文字号中的年份和序号应当分别使用汉字大写，但在内容上必须与标题下方的发文字号完全相同，同时应加盖监狱机关的印章。

二、制作在押罪犯脱逃通知书的注意事项

（1）发文字号中的文书代字不能仅用"通"字，而应当使用"逃通"字，如"（2022）×监逃通字第1号"。

（2）罪名中除了填写原判罪名外，对于在服刑期间又犯新罪和发现了追究刑事责任的余罪的罪名也应填写清楚。

（3）刑种、刑期、刑期起止填写罪犯脱逃前实际具有的刑种、刑期、刑期起止。（说明：此处是填写原判决的刑种、刑期、刑期起止还是填写罪犯脱逃前实际具有的刑种、刑期、刑期起止并没有规定，建议在刑期起止之下增加一项执行刑期变动情况。）

三、在押罪犯脱逃通知书的实训材料

2022年4月2日上午8时20分，罪犯张×苍（因运输毒品罪于2021年10月25日被××省××市中级人民法院判处无期徒刑，剥夺政治权利终身，2022年1月18日被送至××省××监狱七监区服刑，其罪犯编号为××××042756）擅离服装加工车间，趁驾驶员下车等候装货之机，强行驾驶一辆130型福田牌货车，冲破监狱隔离网和施工用的临时栅栏门后脱逃。

脱逃案件发生后，××省××监狱立即启动应急预案，及时向省监狱管理局、省司法厅、省委政法委和司法部做了汇报，并及时派出追捕小组，同时协调公安机关发出协查通报和协查函。此外，监狱也召开了紧急会议，通报了情况，检查了"互监"制度的落实情况，对全监区的危险分子进行了一次摸底，对当前监管安全和其他工作进行了部署。

监狱通过与张犯身边的其他罪犯处了解到，张犯从小就受到其舅舅的宠爱，与舅舅有很深的感情。且张犯的舅舅居住在××5A级景区附近，外来旅游人员较多，极易躲藏。张犯的姐姐非常疼爱他，从小就护着他。其姐姐家离张犯家距离较远，且在山区，地域偏僻，路途艰险。张犯脱逃时，外穿条纹棉囚服，内穿黑色秋衣，脚穿43码解放鞋。

4月3日14时，××省公安厅发布A级通缉令悬赏10万元追捕该犯，通缉令显示，犯罪嫌疑人张×苍，男，汉族，1994年6月28日出生，高中文化，××省××县人，身份证号××××××19940628××××。户籍地址××省××县××镇××村67号。体貌特征：身高1.84米，体型中等，光头，方脸，后背有一约10厘米的烫伤疤。

请你根据所给材料制作一份罪犯脱逃通知书。

四、在押罪犯脱逃通知书的实训练习

在押罪犯脱逃通知书

（　　）　　字第　　号

_____公安局：

罪犯_____，性别____，出生日期____年____月____日，罪名_____，刑种_____，刑期_____，刑期自____年____月____日至____年____月____日止，该犯于____年____月____日从_____脱逃。依照《中华人民共和国监狱法》第四十二条规定，特此通知，请予以缉捕。

（公章）

年　月　日

在押罪犯脱逃通知书

（回执）

_____监狱：

（　　）_____字第_____号在押罪犯脱逃通知书，已于____年____月____日收到。

_____公安局

年　月　日

在押罪犯脱逃通知书

（存根）

( )　　字第　　号

罪犯姓名：_____
性　　别：_____
出生日期：_____年_____月_____日
罪　　名：_____
刑　　种：_____
刑　　期：_____
刑期自_____年_____月_____日至_____年_____月_____日止
关押监区：_____
脱逃时间：_____年_____月_____日
脱逃地点：_____
已　通　知：_____公安局
填发时间：_____年_____月_____日
审　核　人：_____
填　发　人：_____

【任务三】　脱逃罪犯捕回登记表

一、脱逃罪犯捕回登记表的制作方法

脱逃罪犯捕回登记表中除标题外，需要填写的内容可以分为表头和表腹两个部分。

（一）表头

表头包括单位和罪犯编号两项内容。填写时，应与罪犯脱逃登记表中的单位和罪犯编号保持一致。

（二）表腹

表腹由罪犯的基本情况、捕获经过、在脱逃期间有无犯罪行为及主要犯罪事实、发生脱逃事故应吸取的教训、意见及备注组成。

1. 罪犯的基本情况

罪犯的基本情况包括罪犯的姓名、性别、出生日期、罪名、刑期、脱逃日期6个栏目。填写时，这些栏目的内容都可以从罪犯脱逃登记表中转抄。

2. 捕获经过

填写捕获经过时，应经过调查核实后概括地写明以下情况：
（1）被监狱人民警察、公安干警或地方群众抓获的，应准确、具体地写明实际抓获的时间、地点及经过。
（2）被亲友送回的，要确切写明送回时间、送回人姓名及其与罪犯的关系。
（3）罪犯本人主动回监的，应写明返回监狱的确切时间。

3. 在脱逃期间有无犯罪行为及主要犯罪事实

填写在脱逃期间有无犯罪行为及主要犯罪事实时应依据以下几种情况进行：
（1）捕获机关或人民群众的证明材料。
（2）受害者的陈述。
（3）脱逃罪犯本人的口供。
（4）其他人的控告、检举等。

填写之前，要对材料进行查证核实。填表时，尚未调查清楚的，写明"待查"字样。经调查核实，确实没有发现罪犯在脱逃期间有任何犯罪行为的，可写"无"字。

4. 发生脱逃事故应吸取的教训

填写发生脱逃事故应吸取的教训时，应根据情况分清主观原因和客观原因，并经有关组织调查核实各种情况之后集体讨论通过。

5. 意见

意见包括对罪犯的处理意见、狱政科意见和监狱意见3个栏目。
（1）对罪犯的处理意见：由脱逃罪犯所在监区的负责人提出给予行政处分或是追究刑事责任的处理意见，然后签字并注明日期。

（2）狱政科意见：填写时，首先表明是否同意监区意见，其次提出处理建议，最后签字并注明日期。

（3）监狱意见：明确提出最后的处理决定，然后签字，注明日期并加盖监狱机关的印章。

6. 备注

备注填写需要特别说明的情况。如果没有，则填写"无"字或画斜线。

二、制作脱逃罪犯捕回登记表的注意事项

（1）脱逃日期应填写罪犯脱逃的具体日期，亦即罪犯脱逃登记表中的脱逃日期。

（2）经查证，罪犯在逃期间确有犯罪行为，不论是否需要追究刑事责任，都应将其主要犯罪事实叙述清楚。若犯有数罪，则可以以时间先后或主次顺序依次写清。

（3）发生脱逃事故应吸取的教训应具体明确到人，但措辞要有分寸，准确体现出不同责任者的过错程度。

（4）此表一式两份，一份留存监狱，一份报送省（自治区、直辖市）监狱管理局。

三、脱逃罪犯捕回登记表的实训材料

2022年4月2日上午8时20分，罪犯张×苍（因运输毒品罪于2021年10月25日被××省××市中级人民法院判处无期徒刑，剥夺政治权利终身，2022年1月18日被送至××省××监狱服刑，其罪犯编号为××××042756）擅离劳动现场，趁驾驶员下车等候装货之机，强行驾驶一辆130型福田牌货车，冲破监狱隔离网和施工用的临时栅栏门后脱逃。

脱逃案件发生后，××省××监狱立即启动应急预案，及时向省监狱管理局、省司法厅、省委政法委和司法部做了汇报，并及时派出追捕小组，同时协调公安机关发出协查通报和协查函。

4月3日14时，××省公安厅发布A级通缉令悬赏10万元追捕该犯。通缉令显示，犯罪嫌疑人张×苍，男，汉族，1994年6月28日出生，高中文化，××省××县人，身份证号×××××××19940628××××。户籍地址××省××县××镇××村67号。体貌特征：身高1.84米，体型中等，光头，方脸，后

背有一约 10 厘米的烫伤疤。

4月9日下午，根据群众提供的线索，联合追逃指挥部锁定"4·02"案件犯罪嫌疑人张×苍在××县××镇附近出现。省公安厅、省司法厅、武警××省总队、省监狱管理局、××市公安局组成的联合追逃指挥部和当地党委政府、干部群众迅速将该镇包围，并展开拉网式搜查。2022年4月10日9时10分，武警××省总队战士在该镇××村××山发现疑犯张×苍。在追捕中，张×苍企图逃跑，武警战士果断开枪将其击伤并当场捕获。

请你根据所给材料制作一份脱逃罪犯捕回登记表。

四、脱逃罪犯捕回登记表的实训练习

脱逃罪犯捕回登记表

单位： 罪犯编号：

姓名		性别		出生日期	年　月　日
罪名		刑期		脱逃日期	年　月　日
捕获经过					
在脱逃期间有无犯罪行为及主要犯罪事实					

续表

发生脱逃事故应吸取的教训	
对罪犯的处理意见	
狱政科意见	（签字） 年　月　日
监狱意见	（签章） 年　月　日

续表

备注	

说明：本表一式二份。

单元九　参考答案

单元十

狱内刑事案件类执法文书

【任务一】 狱内案件立案表

一、狱内案件立案表的制作方法

狱内案件立案表中除标题外,需要填写的内容可以分为表头、表腹和表尾3个部分。

(一)表头

表头包括单位和案件编号两项内容。

(1)单位:填写监狱及发生案件的监区名称。如果是监狱的狱内侦查部门直接承办的案件,则填写狱内侦查部门的名称。

(2)案件编号:填写本年度刑事案件的序号。可采用年份加序号的方式。

(二)表腹

表腹包括案件类别、发案时间、案件性质、发案地点、发案经过和危害情况、立案根据、现场勘查情况记述、侦查计划及措施、主管科室意见、监狱意见10项内容。

(1)案件类别:填写特大案件、重大案件或一般案件。

(2)发案时间:填写发生案件的具体时间。如果发案时间还不能确定,可以填写发现时间。

(3)案件性质:填写案件的类别,如故意伤害、盗窃等。

(4)发案地点:填写发生案件的地名或所在位置。

(5)发案经过和危害情况:填写时,应根据报案人、控告人、举报人或犯罪嫌疑人提供的情况以及抓获或者发现经过,写清犯罪嫌疑人的犯罪事实和导致的直接后果,填明发案的地点、情节、原因、现场情况及受害人、犯罪嫌疑人等。对于犯罪事实不清楚的,应当写明发现人或报案人的发现时间、报案时间、报案方式、对案件的陈述等,对不明确的情况可以暂不列入。

(6)立案根据:填写时,应根据已掌握的实际情况,对案件的性质、犯罪嫌疑人的犯罪事实和作案手段进行认真分析、判断,用简明扼要的语言写明犯罪嫌疑人触犯了《中华人民共和国刑法》第三百一十五的规定,已涉嫌犯罪,需要追究刑事责任，然后依据《中华人民共和国监狱法》第六十条的规定提出立案侦查的要求。

（7）现场勘查情况记述：应写明现场环境位置、现场状况、作案人遗留的物品、作案痕迹和证据等。

（8）侦查计划及措施：填写的内容一般应包括以下几个方面，一是专案侦查成员的组织情况和具体分工情况，二是提出侦查方向、范围和主要目标，三是确定侦查的步骤、方法、措施和手段，四是预计侦查期限，五是目前存在的问题和需要领导帮助解决的问题。

（9）主管科室意见：由监狱的狱内侦查科负责人提出是否立案的意见，然后签字，注明日期，并加盖科室的印章。

（10）监狱意见：由监狱主管狱内侦查工作的领导根据案件的类别、等级进行批示，然后签字，注明日期，并加盖监狱机关的印章。

（三）表尾

表尾包括填表人和填表日期两项内容。由填表人签字并注明填表日期。

二、制作狱内案件立案表的注意事项

（1）发案时间的填写要具体到时。

（2）填写监狱意见时，对于狱内发生的一般案件，可在职能科室的指导下，由案发所在监区和分监区直接组织侦查；案情重大或特别重大的，可由监狱主管部门负责组织侦查。

三、狱内案件立案表的实训材料

2022年3月28日7时许，三监区出工后，罪犯谷×庆因为生产问题与罪犯班长吴×洋发生争执，谷×庆朝吴×洋脸上打了一耳光，并用头顶吴×洋肚子。民警张×亮、薛×平阻止后将谷×庆叫至车间门口询问原因，谷×庆不听批评教育，击打薛×平胸部两拳，并将薛×平扑倒在地，致使薛×平右手腕、右脸颊擦伤，民警张×亮、罪犯肖×权等阻拦时，谷×庆咬伤二人手背。张×亮呼叫特警队，特警队员赶到给谷犯加戴手铐时，谷犯极力抗拒，撕咬民警任×智手背。在特警队员使用催泪瓦斯后，该犯才被带至禁闭室控管。

2022年3月28日8时许，三监区副监区长郑×山报称，该监区罪犯谷×庆破坏监管秩序，致多人受伤。狱侦科民警许×军、黄×兵会同三监区狱侦民警马×忠于 9 时 30 分许进入现场，听取案情介绍后即开展现场勘查工作。

勘查时自然光充足，室内外明亮，勘查顺序由内至外进行。案发现场在三监区车间北大门外，北大门两侧是绿化带，西侧绿化带有水泥板覆盖着下水道，绿化带上种有楠树遮阴。中心现场即位于厦门西侧第一颗楠树下，因罪犯进出频繁，已无法提取打斗痕迹。

勘查现场拍照 9 张，绘图 2 张，于 13 时 10 分结束。

《中华人民共和国刑法》第三百一十五条：【破坏监管秩序罪】依法被关押的罪犯，有下列破坏监管秩序行为之一，情节严重的，处三年以下有期徒刑：

（一）殴打监管人员的；

（二）组织其他被监管人破坏监管秩序的；

（三）聚众闹事，扰乱正常监管秩序的；

（四）殴打、体罚或者指使他人殴打、体罚其他被监管人的。

请你根据所给材料制作一份狱内案件立案表。

四、狱内案件立案表的实训练习

狱内案件立案表

单位：　　　　　　　　　　　　　　　　　　　　　　　　案件编号：

案件类别		发案时间	年　　月　　日　　时
案件性质		发案地点	
发案经过和危害情况			
立案根据			

164

续表

现场勘查情况记述	
侦查计划及措施	
主管科室意见	（签章） 年 月 日
监狱意见	（签章） 年 月 日

填表人：　　　　　　　　　　　　　　填表日期：　年　月　日

【任务二】 狱内案件结（销）案表

一、狱内案件结（销）案表的制作方法

狱内案件结（销）案表中需要填写的内容可以分为表头、表腹和表尾 3 个部分。

（一）表头

表头主要填写单位。单位应填写监狱及发生案件的监区名称。如果是监狱的狱内侦查部门直接承办的案件，则填写狱内侦查部门的名称。

（二）表腹

表腹由案件的基本情况、犯罪嫌疑人的情况、侦查简况、结（销）案根据和主要证据、意见组成。

1. 案件的基本情况

案件的基本情况包括立案时间、案件类别、案件编号、案件性质和破案时间 5 个栏目。填写时，除破案时间应当填写破案的具体时间外，其余 4 项都应与狱内案件立案表保持一致。

2. 犯罪嫌疑人的情况

犯罪嫌疑人的情况包括犯罪嫌疑人姓名、性别、年龄、民族、原判罪名、原判刑期 6 个栏目。这些栏目内容都可以从罪犯服刑档案中查找。

3. 侦查简况

侦查简况的填写时应从以下几个方面着手：一是实施侦破方案的情况，包括侦破方案的变更、修正和补充情况；二是在侦破过程中采取了哪些侦破手段，运用了何种破案方案；三是侦破案件经过情况，包括犯罪嫌疑人犯罪情况、犯罪嫌疑人的供述和辩解情况，以及排除疑点确定追查线索等情况。

4. 结（销）案根据和主要证据

结（销）案根据和主要证据填写的内容有：侦查中查证属实的犯罪事实和证据；经查证认定属实的犯罪嫌疑人的认罪表现和证据；经查证认定属实的不属于犯罪或者能否定犯罪的事实和证据；由于证据不足不能认定的事实和说明。此外，对栏目中"结（销）"应进行选择，将非选择项划掉。

5. 意见

意见包括处理意见、主管科室意见和监狱意见3个部分。

（1）处理意见：填写时，首先根据《中华人民共和国刑法》和其他法律规定，指出犯罪嫌疑人行为的性质、后果、涉嫌的罪名和应当从严或者从宽处理的条件，然后根据《中华人民共和国刑事诉讼法》的有关规定，依法提出对案件的处理意见。有罪而且应当追究刑事责任的，则应提出起诉意见，移请同级人民检察院依法审查起诉；如果否定犯罪嫌疑人的犯罪事实，则建议撤销案件；如果犯罪嫌疑人的行为虽然不构成犯罪，但其行为属于违法、违规，则可以建议给予行政处分，或者依法做其他处理。

（2）主管科室意见：由监狱的狱内侦查科负责人提出是否结（销）案及处理的意见，然后签字，注明日期。

（3）监狱意见：由监狱主管狱内侦查工作的领导根据案件的不同情况作出是否同意结（销）案以及最终的处理决定，然后签字，注明日期，并加盖监狱机关的印章。

（三）表尾

表尾包括填表人和填表日期两项内容。由填表人签字并注明填表日期。

二、制作狱内案件结（销）案表的注意事项

（1）表头的单位应与狱内案件立案表中的单位保持一致。

（2）填写侦查简况时，既可以按照时间顺序叙述，也可以按照案件的轻重、主次叙述，还可以按照主犯、从犯各自所起的作用叙述，另外也可以按照先叙述侦破结果再叙述侦破过程，或罪犯坦白交代的罪行及认罪态度的方法。

三、狱内案件结（销）案表的实训材料

2022年4月2日监狱成立了以副监狱长孙×刚同志为组长，狱内侦查科民警许×军、黄×兵，三监区狱侦民警马×忠同志为成员的专案组。专案组首先对现场进行了勘查，之后对嫌疑人进行了讯问，对罪犯吴×洋、肖×权、左×金、尚×华等证人进行了询问，向民警张×亮、薛×平、任×智等收集了证言材料。经过侦查，专案民警认定谷×庆已涉嫌破坏监管秩序，构成了重新犯罪。专案组于2022年4月26日提出结案。

谷×庆，男，1985年2月5日出生，汉族，家住××市××县××镇××村二组，2019年12月17日因故意伤害罪被××市中级人民法院以（2019）×中法刑一字第154号刑事判决书判处无期徒刑，剥夺政治权利终身，于2020年1月10日被送至××省××监狱服刑至今。

请你根据所给材料制作一份狱内案件结（销）案表。

四、狱内案件结（销）案表的实训练习

狱内案件结（销）案表

单位：

立案时间		案件类别		破案时间	年　月　日
案件编号		案件性质			
犯罪嫌疑人姓名	性别	年龄	民族	原判罪名	原判刑期

续表

侦查简况	
结（销）案根据和主要证据	
处理意见	（签字） 年　月　日
主管科室意见	（签字） 年　月　日
监狱意见	（签章） 年　月　日

填表人：　　　　　　　　　　　　　填表日期：　　年　月　日

【任务三】 监狱起诉意见书

一、监狱起诉意见书的制作方法

监狱起诉意见书中除标题外,需要填写的内容可以分为首部、正文和尾部3个部分。

(一)首部

首部由标题、发文字号、罪犯的基本情况和案由组成。

(1) 标题:在标题前填写监狱的名称。

(2) 发文字号:发文字号包括年份、机关代字、文书代字和序号4项内容。

(3) 罪犯的基本情况:罪犯的基本情况包括罪犯的姓名、性别、出生日期、民族、原户籍所在地、罪名、判决机关、判决日期、判决书号、刑种刑期、附加(刑)、入监日期、关押场所13项内容。这些内容都可以从罪犯的服刑档案中查找。

(4) 案由:案由包括罪犯姓名和涉嫌的犯罪性质两项内容。应依据所查证属实的情况填写。

(二)正文

正文由主要事实和建议起诉的理由组成。

1. 主要事实

主要事实即监狱的狱内侦查部门调查核实的犯罪事实。叙述时,应紧紧围绕八要素进行。

(1) 犯罪时间:指罪犯作案的具体时间。

(2) 犯罪地点:指罪犯作案的具体场所。

(3) 人物:指案件中涉及的罪犯和被害人。

(4) 犯罪原因:包括动机和目的。动机是指罪犯犯罪的内心起因,如泄私愤、报复、嫉妒等。目的是指罪犯实施犯罪时所希望达到的结果。

(5) 犯罪手段:指罪犯犯罪时为达到其目的所采用的方式。

（6）犯罪情节：指犯罪事实的具体经过和阶段的变化情况。

（7）犯罪结果：指罪犯实施犯罪行为所造成的后果。

（8）证据：用于证明罪犯犯罪事实的文字材料、物品等。

在叙述主要事实时，除了应交代清楚这八要素外，还应掌握一定的叙述方法。常用的叙述方法如下。

（1）自然顺序法：对于连续犯罪的案件，可以采用以时间为线索，以罪犯的犯罪活动为内容，按案件的发展过程记叙案情事实。

（2）突出主罪法：对于数罪并罚的案件，可以根据罪犯的犯罪性质，采取主罪在前详写、次罪在后略写的方法记叙案情事实。

（3）突出主犯法：对于案情复杂的共同犯罪案件，可以围绕主犯作案的事实情节记叙，结合记叙从犯的犯罪事实的方法。

（4）综合叙写法：对于多次犯罪且犯罪手段、情节大致相同的案件，可以对多起同类罪行加以综合归纳，在行文上采用概括性叙述的方法记叙案情事实。

（5）先总后分叙写法：对于共同犯罪的案件，可以先写共犯罪行，然后用自然顺序法分别叙写每个罪犯罪行的方法。

以上5种叙写方法，既可以单独运用，也可以综合运用。

2. 建议起诉的理由

建议起诉的理由包括事实依据和法律依据两项内容。

（1）事实依据：提行写明"综上所述"，紧接着概括地指出罪犯出于什么动机，追求什么目的，实施了什么样的犯罪行为，造成了什么样的危害结果。然后写明罪犯的认罪态度，从轻还是从重的条件，构成了什么性质的犯罪，确认其应当追究的刑事责任。最后列举证据情况，如物证、书证、证人、证言、检查、勘验笔录等。

（2）法律依据：首先援引《中华人民共和国监狱法》第六十条，其次援引《中华人民共和国刑法》的相关条款，最后援引《中华人民共和国刑事诉讼法》第二百七十三条第一款。

（三）尾部

尾部由主送机关、成文日期和附项组成。

（1）主送机关：顶格书写移送审查的人民检察院的名称。

（2）成文日期：写明成文日期，并加盖监狱机关的印章。

（3）附项：包括罪犯的服刑档案和又犯罪的案卷材料。填写时分别写明"共×卷×册"。

二、制作监狱起诉意见书的注意事项

（1）发文字号中的文书代字为"起"或者"诉"字，如"（2022）×监起（诉）字第1号"。

（2）原户籍所在地：填写罪犯捕前户口登记所在地。

（3）罪名、判决机关、判决日期、判决书号、刑种刑期、附加（刑）都填写原判决情况。

（4）所写具体事实必须是经过调查核实后证明是无误的，证据必须确凿。

（5）严格区分罪与非罪，不能以错代罪，也不能将已处理过的历史罪行及思想意识当作犯罪事实。

（6）案由中涉嫌的犯罪性质必须与事实依据中的犯罪性质保持一致；法律依据中所援引的《中华人民共和国刑法》的有关条款必须与所构成的罪名相对应。

三、监狱起诉意见书的实训材料

2022年3月28日7时许，三监区出工后，罪犯谷×庆因为生产问题与罪犯班长吴×洋发生争执，谷×庆朝吴×洋脸上打了一耳光，并用头顶吴×洋肚子。民警张×亮、薛×平阻止后将谷×庆叫至车间门口询问原因，谷×庆不听批评教育，击打薛×平胸部两拳，并将薛×平扑倒在地，致使薛×平右手腕、右脸颊擦伤，民警张×亮、罪犯肖×权等阻拦时，谷×庆咬伤二人手背。张×亮呼叫特警队，特警队员赶到给谷犯加戴手铐时，谷犯极力抗拒，撕咬民警任×智手背。在特警队员使用催泪瓦斯后，该犯才被带至禁闭室控管。

2022年4月2日监狱成立了以副监狱长孙×刚同志为组长、狱内侦查科民警许×军、黄×兵、三监区狱侦民警马×忠同志为成员的专案组。专案组首先对现场进行了勘查，之后对嫌疑人进行了讯问，对罪犯吴×洋、肖×权、左×金、尚×华等证人进行了询问，向民警张×亮、薛×平、任×智等收集了证言材料。经过侦查，专案民警认定谷×庆已涉嫌破坏监管秩序，构成了重新犯罪。专案组于2022年4月26日提出结案，并于5月18日制作了监狱起诉意见书。

谷×庆，男，1985年2月5日出生，汉族，家住××市××县××镇××村二组，2019年12月17日因故意伤害罪被××市中级人民法院以（2019）×中法刑一字第154号刑事判决书判处无期徒刑，剥夺政治权利终身，于2020年1月10日被送至××省××监狱服刑至今。

请你根据所给材料制作一份监狱起诉意见书。

四、监狱起诉意见书的实训练习

监狱起诉意见书

（　　）　字第　　号

　　罪犯_____，男（女），___年___月___日出生，___族，原户籍所在地_____，因_____罪经_____人民法院于___年___月___日以（　　）_____字第___号刑事判决书判处_____，附加_____。于___年___月___日交付执行，现押_____。

　　现经侦查，罪犯_____在服刑期间涉嫌_____。主要事实如下：

_____
_____
_____
_____
_____
_____
_____
_____
_____
_____
_____
_____
_____
_____
_____

为此，根据《中华人民共和国监狱法》第_____条《中华人民共和国刑法》第_____条和《中华人民共和国刑事诉讼法》第_____条第____款之规定，特提请你院审查处理。

此致

_____人民检察院

（公章）

____年____月____日

附：1. 罪犯_____档案共____卷____册。
    2. 罪犯_____涉嫌又犯罪的案卷材料共____卷____册。

单元十　参考答案

单元十一

罪犯评审类执法文书

【任务一】 罪犯评审鉴定表

一、罪犯评审鉴定表的制作方法

罪犯评审鉴定表由封面和封内组成。

（一）封面

除标题外，封面需要填写的内容包括所在监狱的名称、年度、姓名和监区等 4 项。

（1）所在监狱的名称：本栏目是一个选择性栏目，填写时应将非选择性项目划掉。

（2）年度：填写罪犯评审鉴定的年份。

（3）姓名：填写罪犯的姓名。

（4）监区：填写罪犯所在的监区名称。

（二）封内

封内需要填写的内容可以分为罪犯的基本情况、个人鉴定和意见 3 个部分。

1. 罪犯的基本情况

罪犯的基本情况包括罪犯的姓名、性别、民族、文化程度、出生日期、家庭住址、罪名、刑种、刑期、刑期起止、刑种及刑期变动情况、主要犯罪事实、本年度奖惩情况 13 个栏目。这些栏目都可以从罪犯服刑档案中查找。其填写方法与罪犯入监登记表相应栏目的填写方法相同。

2. 个人鉴定

个人鉴定包括认罪悔罪情况，遵守监规纪律表现，劳动表现，接受思想、文化、职业技术教育等情况及今后努力方向 5 个栏目。这些栏目由罪犯本人填写，但监狱人民警察应当给予必要的指导，提出具体的要求。

（1）认罪悔罪情况：从一年来在认罪悔罪、对法院的判决和犯罪危害的认识以及深挖犯罪根源等方面进行总结，并指出存在的问题。

（2）遵守监规纪律表现：从一年来能否服从监狱人民警察的管理、自觉遵循《监狱服刑人员行为规范》、严格遵守监规纪律、大胆制止违法违纪行为等方面进行总结，并指出存在的问题。

（3）劳动表现：从一年来能否服从监狱人民警察的劳动分工、劳动任务完成情况、劳动质量情况、节约生产成本及技术革新情况等方面进行总结，并指出存在的问题。

（4）接受思想、文化、职业技术教育等情况：从一年来参加各种专项教育活动、遵守课堂纪律、完成作业情况、考试成绩、自学情况等方面进行总结，并指出存在的问题。

（5）今后努力方向：针对上述总结中存在的问题，制定切实可行的改进措施以及争取实现的阶段性目标。

3. 意见

意见包括分监区意见、监区意见、教育改造科意见和监狱意见4个栏目。

（1）分监区意见：先肯定成绩，再指出问题，并提出要求。最后由分监区负责人签字并注明日期。对于没有设分监区的，分监区意见栏则不用填写。

（2）监区意见：在分监区意见的基础上进一步提出要求。最后由监区负责人签字并注明日期。

（3）教育改造科意见：经审核后表明是否同意监区意见，并提出新的要求。最后由教育改造科负责人签字并注明日期。

（4）监狱意见：表示是否同意教育改造科意见。最后由监狱主管领导签字，注明日期，加盖监狱机关的印章。

二、制作罪犯评审鉴定表的注意事项

（1）文化程度有变化的，应当分别填写原有和现有的情况。

（2）家庭住址如果有变迁的，应当填写变迁后的住址。

（3）罪名、刑种、刑期、刑期起止都应当填写原判决的罪名、刑种、刑期、刑期起止。

（4）主要犯罪事实是指所有犯罪的主要事实，包括原判罪行以及余罪和又犯罪的主要犯罪事实。

（5）本年度奖惩情况包括本年度所受到的行政奖惩和刑事奖惩情况。

三、罪犯评审鉴定表的实训材料

2022年元月，××省××监狱三监区罪犯姜×清，根据分监区评审工作的要求，对自己在2021年的改造情况做了如下总结：

自入监以来，由于监狱民警对我的多次教育和帮助，本人对自己所犯下的罪行已有了深刻的认识，并为自己所犯下的罪行深感悔恨。为了不辜负监狱民警对我的教育和挽救，本人已下定决心痛改前非，时刻深挖自己的犯罪根源，积极改造，追求上进，力争彻底根除不劳而获、贪图享受、目无法纪的思想观念，争取早日成为自食其力的新人。

改造中，本人能严格要求自己，自觉遵守监规纪律，并依照《监狱服刑人员行为规范》来约束自己的言行，主动维护监内良好的改造秩序，积极同各种违规、违纪行为做斗争。时刻注意从我做起，严格对照监规制度检查自己，因而本年度获得了良好的改造成绩。

劳动中，本人能服从管理，听从安排，态度端正，任劳任怨，积极肯干，并能严格遵守劳动纪律和操作规程，注意节约，爱护公物，较好地完成了生产任务。此外，本人还积极参加公益劳动，并利用节假日加班加点，利用休息时间向新投犯传授车工技术或进行车床维修。

本人虽然文化程度不高，但还是积极参加政治、文化、职业技术教育，到课率达100%。上课认真听讲、记笔记，课后虚心向他人请教，按时完成作业，考试成绩均在80分以上。

在今后的改造中，本人仍然要以《监狱服刑人员行为规范》来严格要求自己，树立正确的人生观、价值观，不断加强学习，用知识充实自己的头脑；积极参加劳动，用汗水洗涤自己的灵魂。加快思想改造步伐，彻底清除思想中不健康的东西，努力改造，争取早日回归社会，做一个守法的、有道德的、自食其力的公民。

服刑人员姜×清的基本情况：姜×清，男，汉族，初中文化，1993年11月14日出生，家住××县××街3号2幢1单元502室，犯故意伤害罪，被判处有期徒刑15年，刑期自2017年6月17日至2032年6月16日，2020年10月11日被裁定减刑1年。

主要犯罪事实：2017年6月17日，姜×清因琐事与邻居林×国发生口角，继而发生厮打，情急之中，姜×清拿起身边的一根木棍打向林×国的头部，林×国的后脑被击中，当即昏倒在地。事发后，姜×清与邻居一同将林×国送医院抢救，但林×国因伤势过重死亡。当日，姜×清主动到当地派出所自首。

本年度奖惩情况：2021年8月在"百日安全竞赛"活动中表现突出，受到监狱记功1次；获得2021年二季度、三季度、四季度当季表扬各1次。

请你根据所给材料制作一份罪犯评审鉴定表。

四、罪犯评审鉴定表的实训练习

_____省（区、市）_____监狱（所）

罪犯评审鉴定表

（_____年度）

姓名：_____

监区：_____

姓名		性别		民族		文化程度	
出生日期	年　月　日			家庭住址			
罪名		刑种		刑期		刑期起止	自　　年　月　日 至　　年　月　日
刑种及刑期变动情况							
主要犯罪事实							

本年度奖惩情况	
个人鉴定	认罪悔罪情况：
	遵守监规纪律表现：
	劳动表现：
	接受思想、文化、职业技术教育等情况：
	今后努力方向：

分监区 意见	 （签名） 年　月　日
监区意见	 （签名） 年　月　日
教育 改造科 意见	 （签名） 年　月　日
监狱意见	 （签章） 年　月　日

【任务二】 罪犯改造积极分子审批表

一、罪犯改造积极分子审批表的制作方法

罪犯改造积极分子审批表中除标题外，需要填写的内容可以分为表头和表腹两个部分。

（一）表头

表头包括单位和罪犯编号两项内容。

1. 单位

罪犯改造积极分子审批表的单位填写分两种情况：
（1）当该犯被评为监狱级改造积极分子时，单位的填写为"×监区×分监区"。
（2）当该犯被评为省（自治区、直辖市）级改造积极分子时，单位的填写为"××监狱""××监狱×监区"或者"××监狱×监区×分监区"均可。

2. 罪犯编号

填写的内容应与罪犯入监登记表中的（罪犯）编号保持一致。

（二）表腹

表腹由罪犯的基本情况、意见和备注组成。

1. 罪犯的基本情况

罪犯的基本情况包括罪犯的姓名、性别、出生日期、罪名、刑期（原、现）、刑期起止、改造表现7个栏目。其中大部分栏目的填写与罪犯入监登记表中相应栏目的填写方法相同。
（1）刑期起止：填写该犯现在实际具有的刑期的起止。
（2）改造表现：填写罪犯服刑以来，特别是拟评为"改造积极分子"时限内的主要改造表现。填写时，应从罪犯"悔改表现"的4个方面分别加以概括叙述。

2. 意见

意见包括分监区意见、监区意见、教育改造科意见、监狱意见、批准机关意见等。其填写方法与罪犯减刑（假释）审核表中相应栏目的填写方法相同。

3. 备注

备注填写需要特别说明的情况。如果没有，则填写"无"字或画斜线。

二、制作罪犯改造积极分子审批表的注意事项

（1）罪名和刑期起止按常理均应当填写该犯的原判决情况。但在实际工作中，此处填写该犯原判决的罪名和刑期起止及该犯的实际具有的罪名和刑期起止的情况都有，且都不为错，因为该表本身并未予以说明。如果为了更加详细地了解该犯的有关情况，建议可在罪名、刑期、刑期起止栏的下方增加"刑种、刑期变动情况"一栏，同时将刑期中的"原"和"现"划掉。）

（2）改造积极分子分为监狱级和省（自治区、直辖市）级两类，分别由监狱和省（自治区、直辖市）监狱管理局签署决定性意见。

（3）分监区意见、监区意见、教育改造科意见、监狱意见、批准机关意见中应写明具体的奖励称号。

三、罪犯改造积极分子审批表的实训材料

罪犯甘×富，男，1995年2月17日出生，因犯故意伤害罪于2015年11月25日被××市中级人民法院判处有期徒刑17年，刑期自2015年4月23日至2032年4月22日。2015年12月28日被送至××省××监狱三监区二分监区服刑，2020年7月15日被裁定减刑1年。

服刑以来，该犯能够做到认罪服法，并深刻认识到自己所犯罪行给受害人和自己的家庭以及社会带来的危害，决心以实际行动来洗刷自己的罪恶。能认真遵守监规纪律，严格按照《监狱服刑人员行为规范》来要求自己，自觉接受教育改造。同时，该犯还敢于同各种违纪行为做斗争。能积极参加政治、文化和职业技术学习，上课认真听讲，仔细做好笔记，作业完成得很好。考试中，各门功课成绩优异，因而多次被评为优秀学员。在生产劳动中，该犯态度端正，积极肯干，服从分配，遵守劳动纪律，爱护生产工具。作为分监区工程组的一名值星员，该犯虽长期患病，但仍坚守岗位，按规定时间清点人数，认真记录，

发现问题能及时报告值班民警，确保了分监区工程组的改造秩序的稳定。在生活卫生方面，该犯的个人内务卫生一贯保持良好，且能够注重公德，长期坚持打扫公共卫生。

该犯在 2021 年度的服刑改造期间，一季度获记功 1 次，二季度、三季度获表扬各 1 次，四季度 3 个嘉奖。

请你根据所给材料制作一份罪犯改造积极分子审批表。

四、罪犯改造积极分子审批表的实训练习

罪犯改造积极分子审批表

单位： 　　　　　　　　　　　　　　　　　　　　　　　　罪犯编号：

姓名		性别		出生日期	年　　月　　日	
罪名		刑期	原： 现：	刑期起止	自　　年　月　日 至　　年　月　日	
改造表现						
分监区意见					（签字） 　　年　月　日	

续表

监区意见	（签字） 年　月　日
教育改造科意见	（签字） 年　月　日
监狱意见	（签章） 年　月　日
批准机关意见	（签章） 年　月　日

续表

备注	

单元十一　参考答案

参考文献

[1] 刘金华. 司法文书写作方法与技巧 [M]. 北京：大众文艺出版社，2002.

[2] 田伟明，韩宏西. 监狱执法文书 [M]. 北京：金城出版社，2003.

[3] 程揖涛. 最新监狱文书写作与格式范本 [M]. 北京：中国知识出版社，2006.

[4] 严浩仁，应朝雄. 监狱文书制作与使用 [M]. 北京：法律出版社，2010.

[5] 杨学武，李文静. 监狱执法文书实用写作 [M]. 北京：中国政法大学出版社，2015.

[6] 翁炬，王新兰. 监狱文书写作训练教程 [M]. 长春：吉林人民出版社，2015.

[7] 严庆芳. 监狱执法文书实训项目 [M]. 北京：中国政法大学出版社，2015.

[8] 李保清. 论监狱执法文书的规范化 [J]. 警官教育论坛，2008（1）：79-86.

[9] 董琦，冯景. 论监狱执法文书的规范化——以提请减刑建议书为例 [J]. 安徽警官职业学院学报，2014（4）：99-101，106.

[10] 全国法院减刑、假释、暂予监外执行信息网 [EB/OL]. http：//jxjs.court.gov.cn/.

与本书配套的二维码资源使用说明

　　本书部分课程及与纸质教材配套数字资源以二维码链接的形式呈现。利用手机微信扫码成功后提示微信登录，授权后进入注册页面，填写注册信息。按照提示输入手机号码，点击获取手机验证码，稍等片刻收到4位数的验证码短信，在提示位置输入验证码成功，再设置密码，选择相应专业，点击"立即注册"，注册成功。（若手机已经注册，则在"注册"页面底部选择"已有账号？立即注册"，进入"账号绑定"页面，直接输入手机号和密码登录。）接着提示输入学习码，需刮开教材封面防伪涂层，输入13位学习码（正版图书拥有的一次性使用学习码），输入正确后提示绑定成功，即可查看二维码数字资源。手机第一次登录查看资源成功以后，再次使用二维码资源时，只需在微信端扫码即可登录进入查看。